世界を震撼させた女毒殺者たち［上］

クレオパトラからベル・ガネスまで

The League of Lady Poisoners: Illustrated True Stories of Dangerous Women

リサ・ペリン＊Lisa Perrin［著］
渡邉ユカリ＊Yukari Watanabe［訳］

原書房

私の最初の本が
素敵な絵本になることを
願っていた両親に捧ぐ

世界を震撼させた女毒殺者たち 上

―クレオパトラからベル・ガネスまで

The League of Lady Poisoners

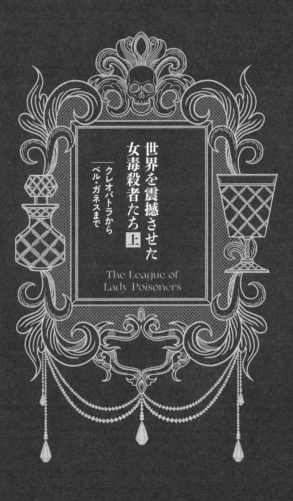

［目次］

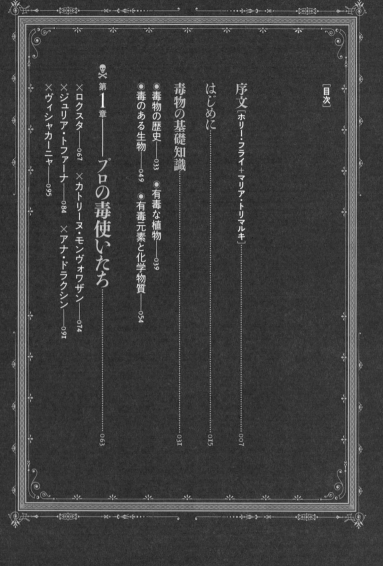

下巻目次

序文……ホリー・フライ＋マリア・トリマルキ

二〇二〇年初頭、私たちはサンフランシスコのホテルで歴史的犯罪を取り上げるポッドキャスト「クリミナリア」のファーストシーズンを始めるための準備をしていました。このポッドキャストは、立ち上げまでにさまざまな変遷を経ていました。「ジュリア・トファーナという女性のことは知っている？　それで番組になりそう？」という問いかけから、歴史上の毒殺犯の話をどう語るかについてのブレインストーミングが始まりました。最初はポッドキャスト全体をジュリア・トファーナの話にしようかとも思いました。しかし、続けていくにはそれではネタが足りないだろう、それこそワンシーズン持たないのではないかと気づきました。そこで、「女性毒殺犯のシーズンにしたらいいかもしれない」と考えたのです。

ホテルの宿泊者専用ラウンジで毒殺犯のリストを調べていると、いくつかわかったことがありました。一つ目は、毒殺犯は数が多いこと。二つ目は、毒殺犯の女性が皆、初めから残酷で

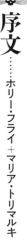

狡猾だったわけではないことです。毒殺女たちが生きた時代、場所、境遇を考えると、追い詰められて極端な行動に走った女性もたくさんいました。そして歴史上、残忍な毒殺犯として描かれてきた女性たちが結局はそのような行為に関与していなかった可能性もある、というケースもあったのです（ルクレツィア・ボルジアがその一例）。しかし、何よりもこれらの物語に登場する女性たちの多くが、現代において頻繁に歪められて描写されてきたことを痛感しました。深く掘り下げて調べていくうちに——ポッドキャストをスタートさせてからは特に——たえず彼女たちの人間性に目を向けようと努めるようになりました。

ティリー・クリメックは、「ラフ・オン・ラット」という殺鼠剤を使って複数の夫や隣人たち、子どもたち、さらには気に入らない犬までも無残に殺した女性です。間違いなく残虐な女性でした。更生させる方法などまったくありません。しかし、それでも彼女の裁判によって、刑事司法制度における偏見に光が当てられることになったのは確かです。

クリメックの裁判より前の数年間に他にも二八人の女性たちが殺人罪で裁判にかけられました。そのうち二四人は無罪になりました。ただし、クリメックと違い、伝統的な価値観で魅力的だとみなされた女性たちでした。クリメックは殺人の疑いをかけられただけでなく「美人ではないという罪」で、マスコミから袋叩きにされました。一九二三年に下された仮釈放の可能性のない終身刑は、当時のシカゴで女性に対して下されたものとしては最も厳しい刑でした。それでも陪審員の中には、刑が軽すぎる、死刑にすべきだったと考えた人さえいました。

同じく興味深いのは、「コネチカットのルクレツィア・ボルジア」とよく呼ばれたリディア・シャーマンのことです。（「ルクレツィア・ボルジア」という名前が毒と非常に強く結びつけて考えられ、連続毒殺犯の代名詞のように使われるようになったのもまた興味深いことです）。シャーマンは妻であり母親でしたが、家族が困窮したことで毒殺に手を染めることとなってしまいました。彼女の話によれば、リディアの夫は職を失い鬱病に苦しんでいたため、それ以上自分が「役立たず」と呼ぶ状態を長引かせるよりも、自分の手で夫の苦しみを終わらせることを選んだといいます。そしてその後、義理の子どもたちも手にかけ、「不憫だったから殺した。父親がいなければ子どもは生きていけないと思ったから」などと語ったとされています。さらに、同じ手口をその後に結婚した夫と子どもたちにも繰り返し、そのたびにある程度の遺産を相続していました。しかし彼女曰く毒を使ったのはお金を得るためではなく、問題を解決するためでした。最終的に彼女は、複数の夫を殺害したうちの一つの事件についてのみ裁判にかけられ、刑務所に収監されることになりました。現代の視点で見ると、当時の刑罰とシャーマンの精神状態とが釣り合っていたと言えないのは明らかです。同じような罪を犯し、それをすらすらと自白するような人は、現代では精神鑑定の対象になるでしょう。しかし、一八七〇年代にはそうではありませんでした。精神疾患を持つ人の多くは、他人に危害を加えるようなことはあまりないものです。

しかし、当時（そして現在も）、精神科の治療を必要としているのに刑務所に収監されて病状が悪化した人が、数えきれないほどいたのです。また、シャーマンの事件を全体として捉えれば、そもそも最初の夫がうつ病を発症したときに適切な治療を受けていれば、殺意を抱くことはなかったかもしれません。シャーマンの手によって奪われた命の悲劇は、人間の行動に対する理解がどの程度進んだかを考えるきっかけにもなっています。

もう一つ、物事の善悪がわかると思っていた自分のことを疑いたくなるかもしれない事件があります。それは「死刑囚の老女」、ヴェルマ・バーフィールドの事件です。バーフィールドは幼少期から父親に虐待されて育ちました。家族が生活に困窮すると、わずかなお金を稼ぐために窃盗に手を染めました。家を出て自分の家庭を築いた後も、不幸な出来事から解放されることはなかったようです。そんな不運に見舞われていたなか、ある日ヴェルマはひき逃げ事故に遭い、それが原因で慢性的な痛みに苦しむことになりました。その後も負のスパイラルの中で間違った選択を繰り返し、小切手偽造や毒殺によって自分の運命をコントロールしようと試みました。介護施設で介護人としての職を得たバーフィールドは、そこでも殺人を犯しましたが、誤って殺してしまったのだと主張しました。薬物中毒となってしまったため、その薬代欲しさに、彼らからお金を奪って、眠らせるつもりだっただけで、殺すつもりではなかったと。殺す意図があったのかどうかは別として、結果的に被害者たちは死んでしまいました。バーフィールドは、精神医学の専門家や弁護団が「精神異常を理由に無罪」とすることを求めて訴えましたが、結局、死刑判決を受けました。

ヴェルマには、一般的に連続毒殺犯として描かれるイメージとは異なる側面があります。それは、毒殺したすべての人を手厚く弔ったということです。また、自分自身の処刑の際にはお気に入りのピンクのパジャマにブルーのスリッパを選びました。最後に食べることを望んだのはチーズ・ドゥードゥル［とうもろこしを原料としたカールのようなスナック菓子］とコーラでした。有罪判決を受けてから一九八四年秋に処刑されるまでの間、ヴェルマはクリスチャンとなり、生まれ変わったように他の女囚たちの面倒をよく見ていたそうです。ヴェルマには多くの支持者がおり、支持者らがノースカロライナ州のジム・ハント知事に死刑執行を停止するよう圧力をかけましたが、要求が聞き入れられることはありませんでした。刑が執行された日、刑務所の外には何百人もの抗議者が集まっていたと言われています。そして人生最後の善意の印として、ヴェルマは臓器提供者となることに決めました。毒を使用して複数の人々を殺害したことは疑いようのない事実です。しかし、その行動からは殺人犯とは思えないほど教養が高く、思いやりのある一面もあったことがうかがえます。ヴェルマについて書かれた回顧録では、悪事を犯した原因として鎮痛剤への依存が影響していたことを明確に指摘する記述がありました。

　私たちのポッドキャストでは、誰もが悪事に手を染める可能性があることを十分に理解してお話ししています。歴史上、さまざまな人々によって多くの悪行や犯罪が行われてきました。ここに挙げてきた女性たち以外にも毒殺犯は大勢います。これは否定できません。人は毒殺犯のような人物の人生を要約するとき、「極悪人」とか「凶悪犯罪者」に分類してしまう傾向がありますが、実際はそれを超えた存在なのです。他人が脅威であるかどうかを判断することは人間の行動の一部であり、身の安全を確保するための本能的な反応でもあるからです。

　歴史上の犯罪に目を向けることは、私たちは、そのような人たちから差し迫った脅威を受けずに済むという利点があります。歴史上の人物ならばその人生について恐れることなく探れますし、多くの場合、その人生の物語には一つの側面では捉えきれない側面が何層にも折り重なっています。彼らの人生は裁判や噂や殺人犯であることを示す恐ろしいニックネームでだけ語られるものではありません。一人一人が皆、誰かの子どもとして生まれてきて、それぞれ夢や希望を持っていました——とはいえ、その夢を追いかけることもかなわなかったというケースが少なからずあったのも事実です。

　女性の毒殺犯を取り上げるポッドキャストのファーストシーズンの準備をしていたあのホテルでの話し合いのことを思い返すと、まさかこのシーズンを立ち上げたことで未知の旅に誘われ、取り上げた女性たちを単なる毒殺犯ではなく一人の人間として考えるようになるとは思ってもみませんでした。

　だからこそ、本書のような本がとても重要なのです。すぐに分類し、ラベル付けをするような世の中に私たちは生きていますが、一人の人間をひとつの言葉やラベルで言い表すことはできません。即座に悪人だと思い込んでしまうような女性の毒殺犯たちをもっとよく分析し、人間性も見ることができれば、これから出会う大勢の人たちについてもっと広い視点で考えられるようになるでしょう。世界は、分類をするような場ではなく、生身の人間に満ちた、より豊かな場になるでしょう。

おまけとして、ヒ素中毒の兆候を見抜く方法も、ほぼ確実にわかるようになるでしょう。

はじめに

「そんな料理、私なら絶対に食べない」

豪華な大広間に置かれたどっしりとした木製の宴会テーブルに、自分の席が用意されているところを想像してください。他のゲストたちはすでに席に着いていて、ナプキンが膝の上に、空の皿が目の前にあります。誰もが口を閉じて微笑んでいます。テーブルの中央には、高級な陶器の食器の上に、豪華な料理が向こう側の人の顔が見えないほど高く盛られています。部屋のキャンドルの明かりは薄暗く、食器がひび割れていることにも、花瓶に活けた花がしおれていることにも、ワイングラスの底に砂がついていてザラザラしていることにも、何十人もの人があなたに不審な視線を向けていることにもほとんど気づかないほどです。

この晩餐会では、どの飲み物もどの料理も怪しげで、招待客の誰もが不気味な雰囲気を漂わせています。それぞれが時空を超えて自慢の一品を持ち寄ってきています。コースの一品目は、ナニー・ドスが用意した殺鼠剤入りの伝説のプルーン煮込みです。食物繊維とヒ素がたっぷりと入っています。

続いては、イヤ・ムラノの定番の紅茶と青酸カリ入りのペストリー。デザートまでたどり着くことができれば、クリスティアナ・エドマンズがストリキニーネを入れた、身を滅ぼすほど美味しいチョコレートクリームで締めくくりです。幸い、ここに集まった女性たちは「世にも食欲をそそらない毒々しい料理」のレシピ本を書くために集まったのではありません。人を毒殺した罪で告発されたり、有罪判決を受けたりしたことがあるという特殊な結びつきで集まった人たちです。しかし、招待客たちに共通した特徴はこれだけではありません。毒殺女の宴へようこそ。短いお付き合いとなりますが、ご案内いたしましょう。

こうして、しばらくの間スキャンダラスな女性たちに関する調査に没頭していたら、思いもよらない影響がありました。毒についての本を一冊書いたら、周りの人たちから突然ランチの約束をキャンセルされるようになったのです。そして、ＦＢＩが自分のグーグル検索履歴を監視しているのではないかという強い疑念が湧き起こりました。このようなテーマについて調べることで、今まで感じたことのないような被害妄想に陥ったのです。普段の生活の中で、スーパーに買い物に行くとき、レストランで食事をするとき、普通の夜の食事会に参加するときなど、他人を信じることがいかにしみついているかを改めて思い知らされました。

そして、どんなものでも誤用したり過剰摂取したりすれば毒になるということを学びました。ワインをグラス一杯飲むのは夕方にゆっくりくつろぐのに愉快な方法ですが、ワインを飲み過ぎればアルコール依存症になります。イブプロフェンを二、三錠飲めば熱は下がりますが、一瓶飲めば命を落とすかもしれません。数百年前、一六世紀の医師であり錬金術師で占星術師でもあったパラケルススは、薬と猛毒を区別するのは多くの場合、その用量だけだということを認識していました。良いものでも摂りすぎることは必ずあります。今度「デス・バイ・チョコレート」アイスクリーム「アメリカの濃厚なアイスクリームの種類」を食べるときにはそのことを少し思い出してみてください。

毒は、ネオングリーンのキラキラした容器に入れられてドクロと十字架の恐ろしい警告文が添えられていることはめったにありません。人間は常に毒素に遭遇していて、そのことにえてして気づかずにいるのです。毒とは、摂取、吸入、注射、皮膚接触などの方法で生物に吸収されると、危害、病気、死を引き起こす可能性のある物質と定義されます。そのような毒を持つものがいかに多いかに驚くでしょう(そしておそらく悩まされることでしょう)。スイセンの花(水仙はイースターの象徴花。特に春になると真っ先に花を咲かせる黄色い水仙は、ドイツ語でイースターの鐘と呼ばれヨーロッパの人々にとってはこの時期に欠かせない花)はどの部分にも毒がありますし(ですからイースターのブーケをかじりたくなる気持ちは抑えましょう)、最も体に良い果物であるリンゴの種にも微量の青酸カリが含まれています。

しかし、家庭内で毒が見つかる可能性があるのは、植物、果物、野菜、マメ科植物だけではありません。洗剤の多くは誤って口に入れると非常に危険です。「タイドポッドチャレンジ」に愚かにも参加してしまったティーンエイジャーたちがそれを証明しています。タイドポッドチャレンジとは、二〇一八年に残念なことに大流行してしまった危険な遊びのことです。洗濯洗剤のタイドポッドが、見た目も香りもキャンディのようだったことからインターネットミーム「インターネット上のウェブサイトやソーシャルメディアを通じて拡散され、話題となった文章、画像、動画のこと」として広まりました。その結果、一部の若者がタイドポッドを噛んだり飲み込んだりするようになり、たびたび危険な結果を招きました。カプセルに入ったジェル状の液体洗剤は水溶性のポリビニルアルコールフィルムで包まれているため、洗濯機での使用が想定されていますが、人間の口の中の水分に接触すると化学物質が大量に体内に放出され、呼吸困難や腐食性食道炎、意識喪失を引き起こす可能性があるのです。

私たちが認識しているかどうかにかかわらず、毒性を持つ可能性のある物質は身の回りにありふれた存在です。料理と掃除は日常生活で特に基本的な行為のふたつです。これらは一般的に女性が担ってきた家事であり、女性は常に危険な物質を手に入れられる状況にありました。女性たちは社会的不平等の対象となったり、人生の主導権を握れないばかりか場合によっては虐待を受けたりしてきたのです。あまりに過酷な状況に追い込まれた女性が、冷酷な夫のコーヒーに何かを一振り入れようと考えたとしても不思議ではありません。

さて、「毒は女の武器」という言葉を知っていますか？　この言葉は、いくつかの文学作品の中に出てきます。一九二〇年に発表された有名なアガサ・クリスティの推理小説『スタイルズ荘の怪事件』にもこの言葉が登場します（クリスティ自身が第一次世界大戦中に薬店の助手として働いていたことから、毒とその作用について非常に詳しかったのです）。王道の推理小説の主人公、名探偵シャーロック・ホームズが、一九四五年の映画『アルジェへの追跡』の中でこの言葉を口にしています。さらに最近では、ジョージ・R・R・マーティン原作のHBO制作大ヒットドラマ、『ゲーム・オブ・スローンズ』（シーズン一、エピソード四）で語られています。こうしたフィクションに何度も登場することから、私はこの言葉が本当なのか、この考え方がどこから来たのか、そしてなぜこうした考え方が消えずに残っているのかを知りたいと思いました。

　女性と毒が結び付けて考えられるのは、おそらく女性が社会の中で治療者や賢者として植物を扱い、一般的な病気を治すためにチンキや軟膏を調合してきたという長い系譜があるからでしょう。つまるところ、「治療者」や「賢者」は、「魔女」のほんの一歩手前の存在なのです。治療のために植物を利用する方法を知っている人は、人に危害を加えるために植物を利用する方法も同じくらい容易に知ることができるでしょう（不公平なことに、男性が同じ分野に詳しければ医師や薬剤師と呼ばれました）。

　事実は、毒殺には他の殺害方法のような強い力が必要なく、殺害した後の面倒を避けられるという単純なことかもしれません。また、毒殺には計画的な要素もあることから、「狡猾」、「策略」、「裏切り」といった特性が絡むため、こうした特性がしばしば「悪女」と結びつけて考えられがちです。

　女性と毒のつながりには長い歴史があります。一五八四年の *The Discoverie of Witchcraft*（魔女術の発見）の中で、著者のレジナルド・スコットは、（古英語で）「女性は毒殺の最大の実行犯であり、男性よりも自然に毒殺犯に傾きやすく、一度犯すと常習者になりやすい」と書いています。約三百年後、*Criminal Psychology*（邦訳『犯罪心理学』、寺田精一訳）の著者、ハンス・グロースもこれに同意見で、「あらゆる殺人には勇気、意志、身体的な強さが必要だが、毒殺に限ってこれらの特性は必要ない。女性は、これらのいずれの特性も備わっていないので、毒物を用いて殺人を犯すのが自然の成り行きである」と述べています。

一九三九年に米地方紙「タコマ・ニュース・トリビューン」で発表された記事では、女性と毒について大々的に取り上げられました。記事のタイトルは「*When She Kills, a Woman Chooses Poison! The Female Killer Scorns a Gun, but She Holds Another More Horrible Monopoly on Death*」（女性が人を殺すときには毒を選ぶ！　女性の殺人者は銃を使うのを嫌い、もっと恐ろしい手段を使う）という偏った見方をしているもので（昔のニュースのナレーターのようなトーンで読み上げてみてください！）、記者のトーマス・ワトソンは*Woman as Sexual Criminal*（『女性の性的犯罪』、野添敦義訳）の著者、エリッヒ・ヴルフェン博士の研究を引用しています。記事では、毒殺が「女性にとって理想的な方法」とされ、つまり女性は生まれつき毒殺という犯罪に向いており、うまくやってのけるのだと述べられています。また、最初の毒殺犯は聖書の中で言及されるイヴであり、ヘビの助けを借りて全人類の無垢を毒したとされています。

そして多くの人たちが次のように言います。「女が毒に引き寄せられるのは弱いから。そして表向きは良い顔をするから。それに比べて男は正直な生き物なので、正々堂々と正面から近づいて刺殺する。女は静かにそっと近づいて卑怯なやり方で殺すのだ」と。これらの仮説はすべて、女性に対する根強いステレオタイプに基づいていますが、特に注目すべきなのは、このようなことがすべて男性により書かれているということです。

このように長年にわたって人々が持っていた毒と女性にまつわる一連の思い込みや信念に照らして考えてみると、真実がさらに興味深くなるのです。

デボラ・ブラムは、あらゆる毒に関する権威であり、優れた作家でもあります。二〇一三年にワイアード（*Wired*）誌で公開された記事 *The Imperfect Myth of the Female Poisoner*（女性毒殺犯の不完全な神話）で、毒は性別に関係なく使用される危険な武器であり、実際の統計に基づいて、毒を使った犯罪の多くが男性によって行われていることを明らかにしました。米司法省の報告によれば、一九八〇年から二〇〇八年までの間、毒殺犯のうち女性は三九・五パーセントで、六〇・五パーセントが男性だったのです。

驚きましたか？　私も驚きました。しかし、これは現代の話です。では、ヴィクトリア時代のように「毒殺の黄金時代」とも称された時代はどうだったのでしょうか。*Poisoned Lives: English Poisoners and Their Victims*（毒殺犯に奪われた命――イギリスの毒殺犯とその被害者）の著者、キャサリン・ワトソンは、一七五〇年から一九一四年までのイギリスの毒殺事件に焦点を当て、驚くべき事実を明らかにしました。それによれば、「捕まったり嫌疑をかけられたりした毒殺犯の中で、男性と女性の数はほぼ同数だった」ということです。毒は、人を殺すことにおいて男性と女性の間で予想外の公平さを生み出すものだったのです。毒殺犯は男性も女性も同じように多かったのに、男性はそのことで不吉な存在だとみなされてはいませんでした。

実際は、殺人犯のほとんどは男性です。二〇一九年の国際連合による世界的な殺人犯罪調査によると、世界中の殺人事件の九〇パーセント以上は男性によるもので、彼らの選ぶ武器は主に銃だということです。女性よりも男性の方が殺人を犯すケースが圧倒的に多いため、男性は毒を含むあらゆる種類の武器を、女性よりも使用しているということになります。ただし、女性が殺人を犯す稀なケースでも、女性たちは男性よりも毒を選ぶことが多くあるのです。しかし、それは、男性が銃を好むからです。

そうは言っても、女性が毒を選ぶというステレオタイプが生まれるのは、実際に女性の方が男性よりも連続毒殺事件に関与する可能性が高いという事実によるかもしれません。一九九八年に元ＦＢＩプロファイラーのロイ・ヘイゼルウッドが「女性の連続殺人犯は存在しない」と発言しましたが、本書に登場する多くの女性が、ロイの主張はまったくの間違いであることを示しています。さらに、女性には大量殺人などできないだろうという思い込みから、多くの女性連続殺人犯は、犯罪者だと疑われるまでに長い間逃げ続けることができるという事実があります。また、これらの統計が、実際に知られている事例だけに基づいたものだということも注目に値します。数多くいる、毒殺成功者の名前を

私たちが知ることは永遠にないでしょう。罪を罰せられることもないからです。

毒殺事件は実際には非常に稀ですが、社会全体で共有されている文化・認識には強烈な影響を与えます。毒殺事件に対して世間が大騒ぎするのは、毒そのものに対して恐怖を抱いているというより、伝統的な女性の役割を汚し、社会の秩序を乱す女性に対する恐怖の表れなのかもしれません。歴史的に、女性は男性を簡単に屈服させることなどできず、結婚生活においても、金銭的にも、生活面においても主導権を持つことのできない存在だとされてきたからです。

本書に収められた物語を読むと、女性であるという理由で自分の意志で人生をコントロールできない状況に囚われていたパターンが繰り返されていることに気付くはずです。女性たちがもっと自立して生きることが可能な別の時代や場所で生まれ育っていたら、果たして同じ罪を犯したのだろうかと考えることは興味深いことですね。

一九八〇年に初版が刊行された*Women Who Kill*（人を殺す女たち）で、著者のアン・ジョーンズは、一九世紀後半に女性たちが社会的・政治的平等を求める動きが始まった背景について語っています。当時の多くの男性たちにとって、この運動は衝撃的なことでした。女性の権利が問題となっていた当時、「女性に対する恐怖は表面的には語られることはなく、水面下でじわじわと広がっていました。夫に毒を盛る妻は、亡霊のような存在だとみなされていました。人間の女の仮面をかぶり、男の心に取り憑く魔女のようである」と。一九世紀に、「家庭の天使」とされ、受け身で、世話好きで、従順であることを体現する存在の女性たちが、社会秩序にこのような混乱をもたらす可能性があると考えることは、恐ろしいことだったのです。

一九世紀から、イギリスとアメリカでは驚くほど簡単に毒を手に入れることができました。ヒ素は殺鼠剤やハエ取り紙として食料品店や薬局で日常的に売られていました。この時代は、ヒ素であふれ返っていました。ヒ素はスキンケア用品から化粧品、薬、壁紙、布地、さらには子どものおもちゃにまで、あらゆるものに含まれていました（ヴィクトリア時代のアンティークを舐めてみたい誘惑に駆られても、絶対にやめてください）。簡単に製造できるヒ素は手ごろな価格で手に入れやすく、無色で無味無臭でした。そのため、食べ物や飲み物に混ぜても気づきにくいのです。また、ヒ素によって起こる症状は、当時の一般的な病気の症状に似ていました。このため、何世紀にもわたって、ヒ素はほぼ完璧な毒物とされてきました。ヒ素を検出すること、あるいは誰かが毒を盛られたことを証明することは非常に難しかったのです。法医学の革新が進み、科学が犯罪者に追いつくまで、この状況は続きました。

大切な読者の皆様へお伝えしたいのは、本書は「毒殺の方法」の本ではないということです。本書には犯罪の指示書や毒殺レシピは載っていません。この本の目的は、内容のみでなく視覚的にも楽しませ知識を共有することです。もしも自分や身近な人が毒物に遭遇してしまった場合は、すぐに一一〇番または公益財団法人日本中毒情報センターに電話してください。

毒を飲んだらすぐに死に至るということはめったになく、被害者は非常に長時間苦しめられます。この後の「毒物の基礎知識」の章では、毒物によって死に至るとは具体的にどういうことか、聞くに堪えない話もします。このような恐ろしい話は聞きたくない方もいらっしゃると思いますので、先に警告しておきます。ですが、このような話をすることは、被害者がどれほどの苦しみに遭うのか、そして毒物にはどんなことが可能なのかということを理解するうえで重要だと思います。私の願いは、犯罪の背景を共有し、犯罪に至った経緯を解き明かすことであって、犯罪を美化したり容認したりしようという意図はありません。

調査を進めていく中で、話の切り口を左右するのは情報の提供元だということがはっきりしてきました。歴史は本質的に不完全です。それは、歴史の記述者たちが、必ず先入観や主観、広めたいメッセージを持っているからです。その多くが男性によって書かれており、女性の良い部分に光を当てたり、女性に寄り添った視点で書いたりするわけではないからです。そして、これは歴史家の間での共通認識のようですが、話の全体像はこうだと確信を持って把握するのが実際にどれほど不可能なことなのか実感しました。私が研究してきた多くの事例でも、断片的な真実と伝説の一部が入り混じっており、何が真実なのか見分けがつかないということがしばしば起こりました。

重要なのは、誰のストーリーが語られ、誰のストーリーが語られないのかが非常に明確になってきたということです。この本ではできるだけ物事の全体像を捉え、かつ多様性に富んだものにすることを目指しました。なぜなら、本書で探究するテーマは普遍的な真理だと信じているからです。しかし、調べた中で情報量が最も多かった女性たちは、新聞の大見出しや刺激の強い犯罪実録本のテーマにされていて、ほぼ全員が白人に限られていました。毒は白人女性が使う武器なのかもしれないし、有色人種と毒に関する話にジャーナリストも学者も同様の関心を寄せなかった、もしくは同じように記録しなかっただけなのかもしれません。

「女毒殺者の会《ザ・リーグ・オブ・レディ・ポイズナー》」(本書の原題)は、誰もが関わりたい会ではないかもしれませんが、こうした人種に対する偏見の影響で私たちが知ることのないストーリーがどれほどあるのだろうと考えさせられます。同じことはLGBTQ+(性的少数者)の人々にも言えます。クィア、トランス、ノンバイナリーなどの、伝統的なジェンダーの枠を超える人々の話は、しばしば歴史的な記録から消し去られています。これが本書で取り上げるクィアの毒殺犯の例を見つけられなかった理由の一部ではないかと思っています。また、比較的有名な毒殺事件を中心に取り上げましたが、これら一連の事件が必ずしも平均的な毒殺犯の実像を反映しているわけではありません。ほとんどの毒殺犯は労働者階級や貧困層の出身であり、彼らは追い詰められて罪を犯さざるを得なかったのです。もちろん、このような人たちが同じ罪で告発された裕福な人々や著名な人々と同じように注目を浴びることはありません。

これらの事件におけるメディアと報道の役割については、どれだけ語っても語りすぎることはありません。報道では、犯罪そのものよりも、被告人の性格や容姿に注目が集まることは少なくありませんでした。一般的に見て魅力的で伝統を重んじる女性らしい振る舞いをする女性は世間からの同情を集めやすく、(通常男性であることが一般的な)陪審員の意見を左右し、無罪となる可能性が高かったのです。逆に、魅力がなく女性らしさに欠ける殺人犯であると、より罪が重いとみなされたのです。

読者の皆さんは、よほどの犯罪マニアでもない限り、本書に登場する人物の名前の多くを初めて聞くと思います。犯罪マニアであれば、テッド・バンディ、ジェフリー・ダーマー、ジョン・ウェイン・ゲイシーなど、有名な男性連続殺人犯の名前はすらすらと挙げられるかもしれません。しかし、本書で取り上げているのは彼らを上回る数の犠牲者を出した女性の連続殺人犯たちの話です。それなのに女性たちのことは男性の連続殺人犯たちに比べてほとんど知られていません。犯罪者が女性だと聞くと、男性の場合よりも落ちつかない気持ちになることがよくあります。それは普通、女性が暴力を振るったり攻撃したりするとは考えられないからです。しかし、毒を使った殺人は事実、疑いようもなく非常に暴力的な行為です。読者の皆さんは、これらの女性たちが、通常犯罪者として想像する「型」から大きく外れた方法で罪を犯していたことに驚かされることでしょう。多くは母親であり、祖母でもありました。そして、女性の殺人犯は、パートナーや家族、友人など、最も身近な人たちを狙いました。多くの場合、こうした女性の殺人犯たちとその行動を結び付けて理解するには、普通の女性とはまったく異なる存在として描くしかありませんでした。つまり、男性的で、正気でない、怪物としてみなすしかなかったのです。

本書では、主に歴史上の毒殺事件に焦点を当てていますが、現代でも同様の事件は続いています。しかし、最近の事件についての話を時間というベールに包むことなく、過去との距離を置かずにそのままの形で読むと心がかき乱されます。時間が経つことで、悲劇は笑いや風刺の対象となることがありますが、現代の犯罪について書く際には適切ではありません。この場合のユーモアは、苦い毒薬を飲み込みやすくするための糖衣のようなものと考えてください。同時に、同じテーマ、つまり個人が人生の主導権を握れないという追い詰められた状況が、昔も今もこうした犯罪に影響を与えているのは間違いありません。

本書では、最も古い例は古代ローマ時代に由来し、最新のものでは一九七〇年代のブエノスアイレスの事件まで紹介しています。これらの話は、南極を除く世界中のあらゆる場所で起きた話です。ここに、もしお気に入りの女性毒殺犯の話が入っていなかったら申し訳ありません。残念ながら、毒殺犯の宴席には限られた席しかありませんでしたし、本書のページ数も限られていますので、どうかお許しください。

本書には、仕事、逃避、お金、権力、怒り、愛といった、人間の普遍的なテーマに関連した物語を詰め込みました。私はこれらを殺人の「動機」と呼ぶほど極端なことはしないつもりです。というのは、動機は非常に複雑に絡み合っており、罪を犯す理由が複数ある場合もあるからです。罪を犯す人にこれだという理由すらないこともあります。私は専門の歴史家でもなければ、ジャーナリストでも、毒物学者でも、法医学者でも、心理学者でも、犯罪学者でもありません。私の仕事は単に事実を忠実に描くことだけであり、私は単なる犯罪愛好家にすぎません。偶然にもこの興味深いテーマに巡り合い、複数の分野が重なり合うこの魅力的なトピックに興味を持ちました。最初はただ、薄気味悪くて興味をそそられるテーマ、として捉えていたプロジェクトが、調べていくうちにだんだん歴史、科学、女性の権利、植物学、魔術、心理学、倫理、法律についての深い話となりました。もし興味があるようでしたらこのテーマについてさらに調べてみてください。巻末に、本書のために参照した膨大な参考文献も記載していますので、ぜひご活用ください。

毒が不幸な妻たちの秘密の武器だとする俗説は、架空の話から飛躍して現実の出来事として受け止められるようになっているようです。毒殺神話に対する解毒剤は、可能な限り多くの毒殺事件の真実を明らかにし、これらの女性たちの物語を、事件の背景や周囲の状況などを踏まえつつ、開かれた心とわずかばかりのあわれみを持って語り続けることかもしれません。そして、男性やメディアが女性毒殺犯たちを一つの偏った視点で描こうとした意図を取り除き、欠陥のある人間の複雑さを十分に考察することです。そのためにも、ゆっくりと椅子に座って、型破りな夕食会にぜひ参加してください。さあ、召し上がれ！

毒物の基礎知識

最初のひと口の前に、毒とは何か、その歴史とはどのようなものか、毒が身体に及ぼす破滅的な影響とは何かについて少し考えてみましょう(もう食欲がなくなりましたか?)。毒とは、宝石で飾られた指輪からこぼれる何の変哲もない粉末や、ガラス瓶に残る謎の液体だけではありません。植物由来の毒素や、動物に噛まれたり刺されたりすることが原因で体内に入る毒素も多く存在します。また、化学実験室から発生する無機物由来つまり生きていない毒物や、地球の地殻に存在する金属や元素からも毒が発生することがあります。

ある人にとっては致死量の毒でも、別の人にとってはそうでないことがあります。これには、暴露の状況、あるいは吐き出させるなどしてどれだけ早く毒を体外に排出できたか、また、年齢、健康状態など、多くの要因が影響することがあるからです。また、映画に登場するような即効性の毒はめったにありません。効き目が現れるまで数時間かかることもあります。殺人を企てた者が、毒の適切な量(飲まされる側にとっては不適切な量とも言えます)を探るために何度か試さなければならないこともあります。

毒殺犯たちは、被害者を殺害する方法を選択する際、二つの方法のうちどちらかを選んでいました。一つは急性毒物中毒死です。これは、一度に大量の毒を与え、突然不自然に死に至らしめる方法です。もう一つは慢性毒物中毒死で、これは少量の毒を一定期間かけて少しずつ与え、体の中に蓄積させるというものです。二つ目の方法では、一般的な病気の進行に非常に似た経過をたどります。毒を盛られた人は病んでいき、時間の経過とともにだんだん体の機能を失っていきます。死に至る様子が自然であれば取り調べを受ける可能性は低くなり、毒殺犯にとっては殺人罪を逃れる可能性が高くなります。

毒が血液に到達すると、体内の化学的および分子的なレベルで体に作用し、体の正常な機能を破壊します。毒には神経系を標的にするもの、臓器を標的にするもの、血液を標的にするものがあります。人を毒殺するということは、ある人に対し生化学的な戦争を仕掛けるのと同じことです。

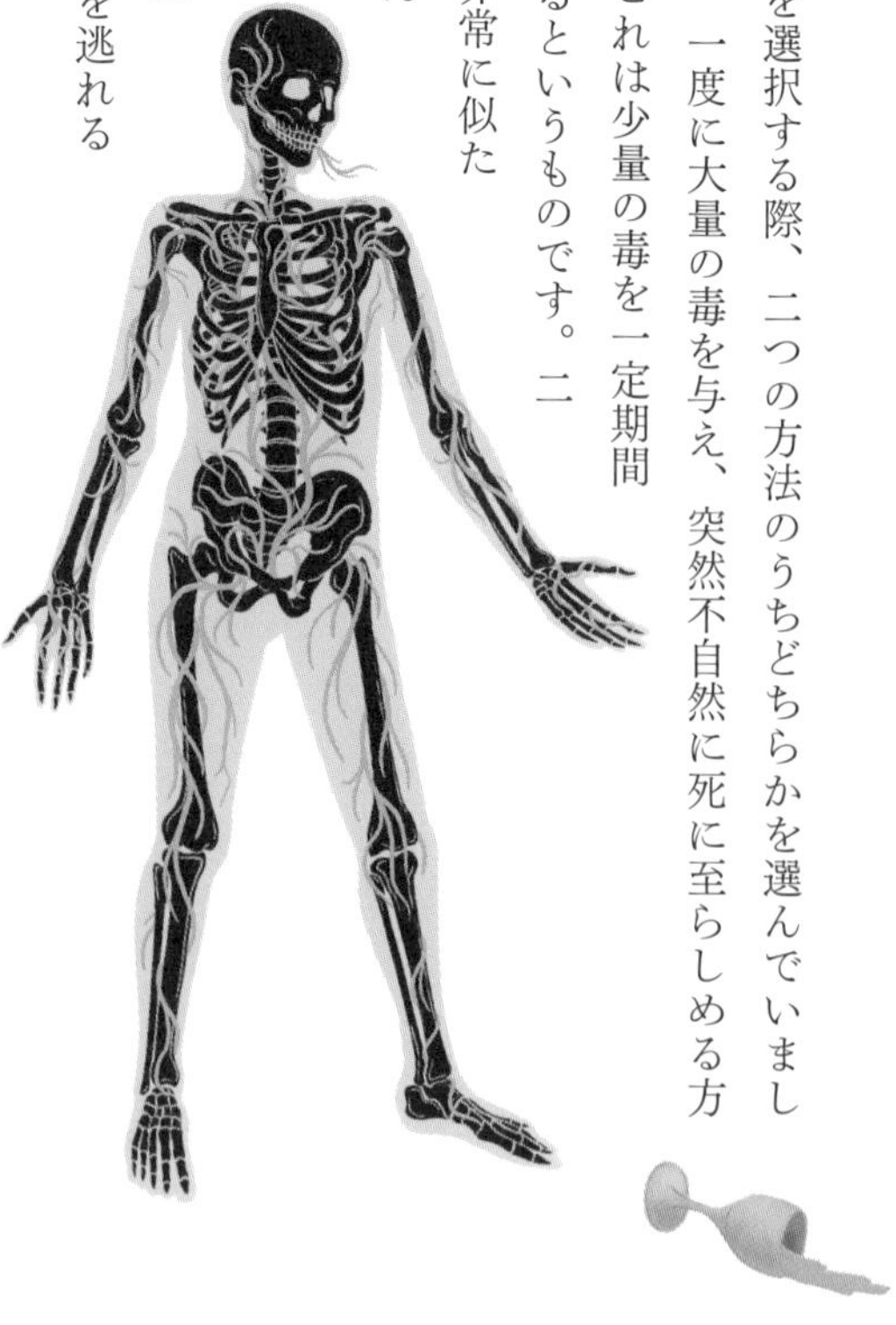

毒物の歴史

古代インド、古代中国、メソポタミアで編まれた書物の多くには植物毒の知識が反映されています。錬金術は古代世界の多くの地域で実践されており、化学の前身だと考えられることがよくあります。錬金術師は、卑金属を金に変え、不死の薬を作ろうとしていました。

紀元前三〇〇〇年頃——古代エジプト第一王朝の創設者メネス(ファラオ)は、毒草を研究していたと考えられています。

紀元前一五〇〇年頃——『エーベルス・パピルス』は、現存する最古の古代エジプト医学書の一つであり、当時の毒物の記録に関する情報が含まれています。

紀元前八五〇年頃——ホメロスが『オデュッセイア』や『イリアス』の中で武器として使った毒矢について書いています。

紀元前三九九年——ギリシャの哲学者ソクラテスは、「アテネの国家が信じる神々とは異なる神々を信じ、若者を堕落させた」との咎で告発されました。その後死刑宣告され、ヘムロックというドクニンジンによる毒殺刑が執行されました。

紀元前一〇〇年頃——中国の伝説によると、「神農大帝」と呼ばれた神農は、薬草や有毒物質について説明した『神農本草経《しんのうほんぞうきょう》』を書いたと言われています。

紀元前一〇〇年頃――ポントス（現在のトルコ北東部）の王、ミトリダテス六世は、毒による暗殺から身を守ることに没頭し、毎日少量の毒物を摂取して耐性や免疫力をつける手法を身につけたと言われています。博物学者の大プリニウスによると、万能解毒剤と信じられていた「ミトリダート」と呼ばれる薬を作ったとされています。

紀元前八二年――古代ローマでは毒殺が頻発したため、独裁者の将軍スラは、毒の売買や製造を違法とする法律を制定しました。

西暦八〇〇年――アラブの錬金術師、ジャビール・イブン・ハイヤーンは、ヒ素を最初に抽出したとされています。

一一九八年――ユダヤの学者で哲学者のマイモニデスは、*Treatise on Poisons and Their Antidotes*（毒とその解毒剤に関する論考）を著しました。

一二五〇年――アルベルトゥス・マグヌス（別名聖アルベルト大王）は、ドイツのドミニコ会の司教、哲学者、錬金術師であり、ヒ素の発見者だとされています。

一三〇〇年代――魔女裁判はヨーロッパで始まり、その後さらに三世紀半も続いて、アメリカにも広がりました。告発された人たちの多くは、植物や毒についての知識があり、薬草医やヒーラーとしての技術を持っていた女性たちでした。

一三一〇年――ヴェネツィアでは、十人評議会と呼ばれる政治機関が設置され、治安維持の役目を果たしていました。権力と秩序を維持するため、評議会は国家公認の謎の毒殺事件を起こすことで知られていました。この評議会は、一七九七年まで解散されることなく存続しました。

一四九二年――ロドリーゴ・ボルジア枢機卿はローマ教皇に選出されました。彼の息子チェーザレと娘ルクレツィアとともに、ボルジア家は皆、独自の特別な毒「ラ・カンタレラ」を使って、ライバルたちを毒殺したとして告発されました。

一四九三年－一五四一年――テオフラストゥス・ボンバストゥス・フォン・ホーエンハイム、通称パラケルススは、スイスの医師で錬金術師でもあり、医学の研究に化学の分野を導入したことで知られています。有名な「用量が毒を作る」という言葉を残しました。

一五三一年――イングランド王、ヘンリー八世は、毒殺を反逆罪と宣言し、罪人を生きたまま熱した湯釜に入れ、湯釜茹での刑に処すことを定めました。

一五三三年――イタリア出身のカトリーヌ・ド・メディシスは、フランス王国の

次男と結婚しました。彼女がイタリアの毒殺術をフランス宮廷に持ち込んだのだと言う人は数多くいます。

一六〇三年——イングランドのエリザベス一世女王が亡くなった原因は、長年にわたり鉛を含んだ化粧品を使っていたことによる血液中毒ではないかと言われています。

一六七九年——フランスのルイ一四世は、国内や宮廷で広まっていた黒魔術と毒殺の疑念を追及するため、一六世紀に異端者を根絶やしにするために設立された特別調査機関「シャンブル・アルダンテ（燃える部屋）」を再び設置しました。この調査は後に「アフェール・デ・ポワゾン（毒物調査事件）」として知られるようになりましたが、この事件では三百人以上が逮捕され、そのうち貴族も含む三六人が処刑されました。

一七六〇年代——アメリカで生命保険制度が導入され、このアイデアが他の国々にも広まりました。生命保険金を受け取れる仕組みが毒殺事件の主な要因となりました。

一七七五年——スウェーデンの化学者、カール・ヴィルヘルム・シェーレは、鮮やかな明るい緑色をした人工の色素を発明し、それを「シェーレグリーン」と名付けました。このヒ素をベースにした染料は、壁紙から布地、ろうそく、おもちゃまであらゆるものに使われました。

一七八六年——トーマス・ファウラー博士は、自身が開発した一パーセントの亜ヒ酸カリウムを含む溶液の効能についての研究を発表しました。ファウラーの溶液は、ほぼ二百年にわたり、あらゆる病気に対する汎用薬として処方され続けました。

一八一四年――スペイン出身で、パリで活動した毒物学者で化学者のマシュー・オルフィラは、毒物学に特化した最初の本を出版しました。彼は現代毒物学の父と言われています。

一八一八年――ストリキニーネは、フランスの科学者、ジョセフ・ビエナメ・カヴァントゥとピエール＝ジョゼフ・ペレティエによって、イグナシウス豆から発見されました。

一八三六年――化学者ジェームズ・マーシュは、体内や組織中のヒ素を検出する信頼性のあるテストを開発しました。マーシュテストによって収集された法医学的証拠は、法廷で使うことができたのです。

一八三七年－一九〇一年――ヴィクトリア朝時代は、毒物を使った犯罪の「黄金時代」とみなされることもあります。この時代、ヒ素はパンと同じくらい手軽に買えるほど普及していました。

一八五一年――イギリスでは、それまで規制されていなかったヒ素の販売に法的な制限を設けるため、ヒ素法（The Arsenic Act）が制定されました。

一八六八年――イギリスでは、毒物や危険な薬物を購入できるのは薬剤師と調剤師だけとするため、薬局法（The Pharmacy Act）が制定されました。

一八七四年――ロバート・C・ケッジー博士は、アメリカの家庭にある壁紙に含まれる有毒なヒ素の危険性について警告するため、*Shadows from the Walls of Death*（死の壁からの影）という本を作り、ミシガン州の各図書館に送りました。

☠ **一九一八年**――チャールズ・ノリス博士は、ニューヨーク市初の主任検視官に任命されました。その後、毒物研究所の所長を務めたアレクサンダー・ゲトラー博士を起用しました。ゲトラーは「アメリカの法医学毒物学の父」と呼ばれるようになりました。

☠ **一九三八年**――アメリカで連邦食品・医薬品・化粧品法が成立しました。この新法により、化粧品と医療機器がＦＤＡの管理下に置かれることになりました。

☠ **一九七五年**――アメリカ法医学毒物学委員会（American Board of Forensic Toxicology、略称ＡＢＦＴ）が設立されました。

有毒な植物

庭園で散歩を楽しんでいても、多くの植物によって自分の身が危険にさらされるかもしれないと気づくと、少し不安な気持ちになるものです。森の中に入ることを戒める童話を思い出してみてください。森の中には人間には理解できないものが住んでおり、人間の支配を超えた力強く抗い難い自然界の力が作用しています。人間はこれまでずっと、植物や植物から作られるもの、植物から得られるものに魅了されてきました。植物からは家を建てるための木材、衣服を作るための繊維、体に必要な栄養、そして自分を邪魔する者に対抗するための毒を含む、さまざまなものを得てきました。

植物は自分を守るために毒を持っています。昆虫や動物、そして人間に食べられないように、それぞれがその抑止力を進化させてきました。バラにトゲがあるのもほとんどが人間を遠ざけるためです。オーガニック製品や無添加製品を求めていても、天然由来のものだからといってそれだけで安全とは限らないということは、よく覚えておく必要があります。

以下に挙げる有毒植物の多くは、専門家が管理した用量を少量ずつ投与する場合には治療効果があることでも知られています。まるごと食べたりその一部を食べたりした場合にのみ有毒なものもあれ

5.
6.
7.
8.

POISONOUS
PLANTS
1.
2.
3.
4.

ば、触れるだけで毒性が現れるものも存在します。毒性のあるツタやウルシに触れて痒い思いをしたことがある人は、こうした植物の力の一部を体験したことがあると言えるでしょう。

1——ベラドンナ

学名＝*Atropa belladonna*｜**別名**＝**「悪魔のチェリー」**

トマトやナスを含むナス科の植物であるベラドンナは、古くから知られる植物毒の一つです。この植物はつり鐘型の紫色の花を咲かせ、小さく鮮やかな緑色の実をつけます。実は時間の経過とともに黒く変色し、その甘さは騙されそうなほどです。ベラドンナという名前は、イタリア語で「美しい女性」を意味し、ルネッサンス期に女性が瞳を大きく魅力的に見せるためにベラドンナの汁を目に垂らしたという習慣に由来するとも言われています。現在でもアトロピンとして抽出される成分は、眼科医が眼科検査で瞳孔を拡大するために安全な量で使用されています。しかし、ベラドンナにはすべての部分に毒性があり、触れるだけで水ぶくれや発疹ができることがあります。また、ベラドンナにはトロパンアルカロイドと呼ばれる、人間の生理に影響を及ぼす有機物質も含まれており、これは少量でも口内の極度の乾燥、目のかすみ、心拍数の増加、錯乱、幻覚、痙攣を引き起こし、場合によっては致命的となることがあります。

2——ドクニンジン

学名＝*Conium maculatum*｜別名＝「悪魔の粥」または「毒パセリ」

ニンジンを含むセリ科の植物であるドクニンジンは、小さな白い花の房が特徴です。茎は空洞で紫色の斑点があり、高さ三メートルくらいまで成長することがあります。また、「ネズミ臭い」と形容される不快な臭いを放つことでも知られています。パセリやノラニンジンのような他の無害な植物に似ていますが、害のなさそうな見た目に惑わされないように気をつけましょう。

また、あらゆる部分に有毒なアルカロイド化合物が含まれています。この毒はゆっくりと作用して中枢神経系を徐々に麻痺させていきます。麻痺は四肢から始まり、最終的には肺が麻痺して窒息死を引き起こします。古代ギリシャでは国家による死刑執行に使用され、また毒物の歴史にも記載したように、哲学者、劇作家、詩人のソクラテスの死にも関係しています。

3——チョウセンアサガオ

学名＝*Datura stramonium*｜別名＝「悪魔のラッパ」

ナス科の仲間であるチョウセンアサガオは、夜に白と紫のラッパ型の花を咲かせることから「ムーンフラワー」とも呼ばれています。卵のような独特の形状をした種子鞘は、鋭いトゲで覆われているため、英語圏では「トゲのあるリンゴ（Thorn Apple）」という名前で呼ばれています。全体に毒がありますが、特に種の部分に多く毒が含まれています。種子の中に含まれるアルカロイドは幻覚や痙攣を引き起こすことで知られています。過剰摂取すると自律神経系の機能障害を招き、心拍と呼吸を制限するため昏睡状態に陥り死に至ることがあります。

4——キツネノテブクロ

学名＝*Digitalis purpurea*｜**別名**＝「**魔女の手袋**」**または**「**死人の鐘**」

魅惑的なキツネノテブクロは、背の高い茎から重なるようにして垂れ下がるつり鐘型の花が特徴です。花は紫色が一般的ですが、白、ピンク、または黄色のものもあります。興味深い別名として、「悪魔の手袋」、「妖精の帽子」、「淑女の指ぬき」などがあります。ジギタリスと呼ばれる強心配糖体が含まれていることが明らかになりました。これは、心臓病の治療や心臓の安定性の維持に役立つものです。現在でも一部の心臓病治療薬に使用されています。

この植物は全体が有毒で、特に葉の部分が猛毒であることに注意してください。中毒症状に陥ると吐き気、嘔吐、不整脈、視覚障害、振戦、錯乱を引き起こし、死に至ることもあります。

5——トウゴマ

学名＝*Ricinus communis*｜**別名**＝「**ヒマ**」

この比較的大きな灌木や低木は、光沢のある星形の葉が非常に印象的で、葉の色には緑、赤、紫のバリエーションがあります。最大で四〇フィート(約一二メートル）の高さにまで成長することがあり、風変わりなとげのあるさやがついています。これらのさやは一般的に「ヒマの実」と呼ばれますが、豆ではありません。ここから取れる「ヒマシ油」は、多くの商業的用途に使われています。この植物の有毒な部分は種子のみですが、その毒性は極めて高いです。種子にはリシンが含まれています。これは知られている限り最も有毒な物質のひとつです。種子を噛んで飲み込むと、青酸カリの六〇〇〇倍もの毒性を持つ毒素が放出されます。その結果、腹痛、嘔吐、血便といった症状を引き起こし、それに続いて脱水症状、痙攣が現れ、最後には臓器不全に陥って死に至ります。

6——ケシ

学名＝*Papaver somniferum*｜別名＝「ブレッドシードポピー（パンのトッピング用のケシの実）」

ケシの花といえば、『オズの魔法使い』で登場人物たちが真っ赤な花畑で深い眠りに落ちる象徴的なシーンを思い浮かべるかもしれません。この物語の作者であるライマン・フランク・ボームは、ケシがアヘンの原料であり、歴史を通じて鎮痛剤や睡眠補助薬として広く使われてきたことを知っていたのかもしれません。ケシの花は通常、白、ピンク、紫、赤などの色をした大きな花びらを持ち、葉は深緑色で短い毛で覆われています。種子のさやが未熟な状態のときにナイフで切ると、アヘンの原料となる乳白色の液体が出てきます。

アヘンはヘロインやモルヒネの原料としても知られる麻薬です。このような物質は非常に中毒性が高く、乱用のリスクが高いものです。アヘンは鎮静効果をもたらし幸福感をもたらす一方、呼吸器系を抑制するため、昏睡状態に陥り、死に至ることもあります。

7——トリカブト

学名＝*Aconitum napellus*｜**別名**＝「**カブトギク**」、「**僧侶の頭巾**」、「**悪魔の兜**」、「**女の呪い**」、「**毒の女王**」

トリカブトはキンポウゲ科に分類される植物で、一般に青や紫の花を咲かせます。その花の形が兜や頭巾を被っているかのように見えることから、この名前がついたとされます。英語圏では「狼殺し」(Wolfs bane)と呼ばれ、この名称は、昔、オオカミを毒で殺すために肉に混ぜて使われていたことから来ていると言われています。さらに、伝説上の狼男を撃退する薬や武器としての効果を持つとも言われていました。トリカブトにはいくつかのアルカロイドが存在しますが、特に心臓や神経に影響を及ぼすアコニチンが最も危険です。この植物に触れると、直後に口や顔の感覚が麻痺し、チクチクとした感じがすることがあります。さらに、嘔吐、下痢、めまい、そして呼吸困難が起こることがあり、最悪の場合、呼吸器系の麻痺に進行し、窒息や心拍異常により死に至ることがあります。

8 ― マンドレイク

学名＝*Mandragora officinarum*｜**別名**＝「**魔王のリンゴ**」

マンドレイクはナス科の植物で、背丈は低く、葉が多く、小さな花とトマトに似た果実をつけます。しかし、マンドレイクの最も魅力的な部分は地下に隠れています。マンドレイクの根は独特の形をしており、時折人の形に似ているとも言われます。マンドレイクについては多くの古い伝承がありますが、最も有名なものは、根を地中から引き抜くとこの世のものとは思えないような悲鳴を上げ、不運にもそれを耳にした者は命を落とすというものです。実際にはマンドレイクが叫ぶことはありませんが、毒に接触した人が叫ぶことは考えられます。なぜなら、マンドレイクに含まれるトロパンアルカロイドという強烈な成分が神経に害を及ぼすからです。これにより、めまい、心拍数の増加、幻覚が生じ、最悪の場合は昏睡状態に陥って死に至る恐れがあります。

● ― ストリキニーネ（挿絵なし）

学名＝*Strychnos nux-vomica*｜**別名**＝「**毒の実**」

インドと南アジアに自生するこの木の、灰色の円盤状の種子には、史上でも有数の極めて強力な毒が含まれています。種子から抽出されるストリキニーネは、白色の結晶状の物質で、かつては安価な殺鼠剤として広く使われていました。ストリキニーネには強烈な苦味があり、摂取するとたちまち激しい苦痛を引き起こします。わずかな量でさえ、被害者の筋肉は激しく痙攣し、体は後ろに大きく反り返り、頭とかかとだけが床につくような状態になることもあります。痙攣は顔の筋肉にまで及び、引きつったような不気味な冷笑を浮かべることがあります。このような状態が続いている間も被害者にはずっと意識があり、起きている状況を認識しています。このような拷問のような痙攣の波を経験した後、通常、窒息によって死に至ります。

毒のある生物

動物由来の毒は「動物毒(zootoxins)」と呼ばれ、科学界で現在知られている、毒を持つ生物は、二〇万種以上います。通常、こうした生物が殺人事件に関与することは少ない(蛇を意のままに動かすのは容易ではないものです)ため、これらの生物についてあまり多くの時間を費やすつもりはありません。それでも、物語の中にはこうした生物が登場することもありますから、そうした生物について少し、ご紹介したいと思います。

「毒性を持つ」という言葉は、触れたり食べたりした者に毒をもたらすカエルの皮膚のように、受動的な方法で毒性を与える動物を指すのによく使われます。一方で「毒液」とは、噛みついたり刺したりすることで能動的に毒をもたらす物質のことを指します。動物はこれらの毒を自衛や攻撃のため(毒を使う人間と何ら変わりありません)だけでなく、食物の消化などさまざまな目的で使います。サソリやクモは非常に恐ろしい生物に見えるかもしれませんが、人間こそが最も危険な動物であることを忘れないでください。

POISONOUS CREATURES
1.
2.
3.
4.
5.

1——キングコブラ

学名＝*Ophiophagus hannah*

キングコブラと呼ばれるのは、王のような威厳があるからではなく、他のコブラを殺して食べるからです。アジア原産で、成長すると黄色、緑色、茶色、または黒色に変わります。最大で一八フィート（約五・五メートル）に達し、世界最大の毒ヘビです。見た目は恐ろしいですが、刺激されなければ噛みつくことはほとんどありません。しかし、コブラに噛まれると毒は尖った牙を通じて被害者の血流に直接注入されるので、皮下注射のような働きをし、強烈な痛みをもたらします。この神経毒は数分で作用し中枢神経系を狙い撃ちし、肺と心臓をコントロールする神経を麻痺させます。

2——ツチハンミョウ

メロイデ科｜別名＝「スパニッシュフライ」

この小さな昆虫は、皮膚にやけどや水ぶくれを引き起こす有毒な体液であるカンサリジンを分泌することからその名前（「水ぶくれ虫（Blister beetles）」）がつきました。この虫を乾燥させて粉砕して作られる「カンタリデス」は、二千年以上にわたって薬として使用されてきました。一般的に媚薬として宣伝されているため、より一般的な名称である「スパニッシュフライ（スペインハエ）」という名前の方が、聞き覚えがあるかもしれません。ただしその名前は若干誤解を招く可能性があります。というのも、この生物はハエでも特にスペイン産でもないからです。実際、ツチハンミョウは世界中の多くの土地に生息しています。摂取すると消化管と泌尿器に至るまで、体のあらゆる部分が水ぶくれになります。有効量を摂取すると胃の痛み、腎不全、心臓や呼吸器の問題を引き起こし、最終的には昏睡状態に陥り死に至るなど、媚薬とはかけ離れた結果をもたらすことがあります。

3――クロゴケグモ

学名＝*Latrodectus genus*

クロゴケグモは北米で最も猛毒のクモの一つです。成体のメスは、その膨らんだ光沢のある黒い腹部に赤またはオレンジ色の砂時計型の変わった模様があることが特徴です。長く細い脚、八つの目、神経毒を備えた牙があります。交尾後にオスを食べることが観察されたことからこの名前がつけられましたが、常にそうするわけではありません。本当に空腹のときだけのようですが、それなら理解できることでしょう。そして、「ブラックウィドウ（黒い後家）」という言葉は、私利私欲のために夫や恋人を連続して殺す連続殺人犯のことを指すようになりました。クロゴケグモに噛まれると、痛みや吐き気、こむら返り、めまい、発汗、呼吸困難、筋肉痙攣などの症状が現れることがあります。

4――オオヒキガエル

学名＝*Rhinella marina*

このカエルは、イボがある大型の両生類です。中南米原産ですが、一九三〇年代と四〇年代に農作物の害虫を駆除するための手段として他のいくつかの国に持ち込まれました。今では世界でも厄介な外来種のうちの一つとして知られています。ブフォトキシンと呼ばれる毒を分泌する腺を持っており、脅威を感じるとこれを放出します。この毒は卵やオタマジャクシの段階からも存在し、ペットが誤って摂取すると致命的となることがあります。人間も適切な取り扱いをしないと、皮膚や目に強い炎症を引き起こす危険があります。

5――キョクトウサソリ

学名＝*Hottentotta tamulus*

インド、ネパール、パキスタン、スリランカの一部に分布するこのサソリは、特に毒性が強いものとして知られています。二つのハサミを含む八本の脚を持っており、尾には敵や獲物に毒を注入するための毒針を持っています。インド赤サソリは比較的小さく、大きさは二－三・五インチ（約五－九センチメートル）程度です。このサソリの毒は循環器系や肺系に作用し、しびれやピリピリ感、呼吸困難、筋肉の痙攣、心拍数の増加を引き起こすことがあります。

有毒元素と化学物質

殺人事件でよく用いられる毒物として、重金属(英語では「ヘビーメタル」)が知られています(「ヘビーメタル」といっても、今回は音楽のジャンルのことではありません)。地殻に存在する元素に由来し、古代からさまざまな用途で使われてきました。周期表には一一八の化学元素が載っており、多くは生命を維持するために欠かせないものですが、中には有害な性質を多く持つものも存在します。

これらの物質の多くは長い時間をかけて体内に蓄積されるという性質を持っているため、極めて有害な毒物として知られています。また、一般的な病気や不調に似た症状を引き起こすため、特定するのが難しいとされています。多くの人が偶発的な事故や職場での暴露でこれらの元素による中毒を経験しています。このような自然に存在する元素だけでも十分危険ですが、これらに加えて科学によって生み出された化学物質も存在しています(天然のものだけでは選択肢が十分ではなかったのです!)。

水銀

水銀は地球の地殻に見られる天然の金属元素で、水、土壌、空気にも存在します。常温では液体のままであり、滑らかで美しい銀色の小さな玉を形成することから「生きている銀(quicksilver)」とも呼ばれます。水銀には、ガラス製の体温計や歯の詰め物に含まれるものや、有機水銀、無機水銀など、さまざまな形態があります。水銀中毒の症状には、唾液の過剰分泌、唇や歯茎の炎症、歯の喪失、口臭など、多くの不快な口腔症状が含まれるほか、腎臓へのダメージもあります。過度に暴露されると気分の落ち込み、被害妄想、精神の不安定を引き起こすこともあります。一八世紀と一九世紀の帽子職人は、製造過程で水銀に暴露されたため、驚くほど高い確率でこれらの症状を経験し、そのために「狂った帽子屋」という言葉が生まれました。

2——鉛

鉛は、地球の地殻に自然に存在する可鍛性の灰色の金属です。多くの文明で配管から陶器、塗料にまであらゆる用途で使われ、特に古代ローマでは広く使われました。実際、鉛中毒の蔓延が強大なローマ帝国の衰退の一因であったという説もあります。鉛の暴露を受けると累積的な影響を及ぼし、長時間かけて体内で危険な水準まで蓄積されることがあります。この金属は、特に脳、肝臓、腎臓、骨に影響を与え、特に骨や歯には三〇年以上も残ることがあります。さらには血液の生成、神経系、腎臓の働きを乱し、脳にも深刻なダメージを与えます。鉛の暴露の人に対する反応は予測不能ですが、軽い頭痛や不眠症、幻覚、失明、昏睡、痙攣、死亡を引き起こします。

3——タリウム

柔らかく、青白い色の金属であるタリウムは、私たちが知っているなかでも最も有毒な金属であり、極めて致死率の高い毒です。タリウムはカリウムを効率的に模倣し、カリウムに依存する脳、神経、筋肉などの部位に影響を及ぼします。また、タリウムは中枢神経系を攻撃し体内に蓄積される毒であるという点で鉛と似ており、また無色透明、無味無臭であるという点でヒ素とも似ています。まず腹痛、吐き気、嘔吐、下痢などの胃腸症状が現れ、続いて四肢に筋力低下、ピリピリ感、麻痺、痛みなどの神経症状が現れます。タリウム中毒の顕著な症状は、髪の毛が抜け落ちることで、これは暴露後およそ三週間で現れます。また、錯乱、痙攣、失明、昏睡に陥ることがあり、最終的には循環虚脱と呼吸不全によって死に至ることもあります。

4——青酸カリ

青酸カリはビターアーモンド、リンゴの種、桃の種などに天然に存在しますが、化合物としては一七八二年にスウェーデンの化学者カール・シェーレによって発見されました。彼はプルシアンブルーの顔料から青酸カリを単離抽出しました。青酸カリは体内の細胞が酸素を使用するのを妨げ、人間の生命維持に必要なこの成分を実質的に奪ってしまいます。その結果、酸素に最も依存する臓器である心臓と脳が特にダメージを受けます。大量の青酸カリが体内に入ると、症状が現れる間もなく死亡する場合があります。少量でも吐き気、嘔吐、めまい、頭痛、錯乱、衰弱、痙攣、呼吸不全、昏睡といった作用が現れ、死亡することもあります。青酸カリからはビターアーモンドの香りがすることがありますが、それを感じることのできる人は半数ほどしかいないと言われています。

5――ヒ素

他の毒薬はすべて脇に置いても、毒殺犯のコレクションには「毒の王様」の称号を持つ小瓶があります。それは、「毒そのもの」と実質的に同義語である悪名高き元素、ヒ素です。ヒ素は、本書でこの後に出てくる話でも、歴史上で起きたさまざまな毒殺事件でも重要な役割を果たしています。一八五五年、ロンドンの新聞『ザ・リーダー』は、読者に次のような不気味な質問を投げかけました。「もう死にそうだという感覚に陥り、徐々に力が抜けていく感じがしたら、毒を盛られていないとどうして言えるでしょう。指先にピリピリとした感覚があったら、ヒ素かもしれないと考えてしまいませんか」と。

周期表の三三番目に来る元素、ヒ素は、地殻で二〇番目に多く存在し、自然な形態では比較的無害です。ヒ素は他の元素と特定の化合物を形成する場合にのみ有毒となります。この事実を知れば、ほとんどの物質にはヒ素が含まれているとしても少し安心できるでしょう。一九七七年に発表された「環境汚染物質の医学的および生物学的影響に関する全国研究評議会委員会」の研究によれば、ヒ素は岩石、土壊、水、そして人体にも微量存在していることが確認されました。

硫化ヒ素は古代のローマやインド、中国などの文化で鮮やかな色を発する顔料や薬、さらには毒として知られていました。多くの人が「ヒ素」と言うとき、三酸化ヒ素、すなわち白ヒ素を指しています。この白ヒ素は自然界には存在しません。ヒ素を不純物として含む銅や鉛、スズ、金などの鉱石を精錬する過程で生成されるものです。

ヒ素は加熱するとガス状の白煙となり、酸素と結合して三酸化ヒ素を生成します。この三酸化ヒ素は粉末や結晶といった形で抽出され、市場に出回っていました。

この手のヒ素が数世紀にわたって殺人計画における理想的な毒とされ、ルネサンス期のヨーロッパで勢力を持っていたメディチ家やボルジア家によって好んで使用されたと言われています。これは裕福な親戚の死を早めることができることから、俗に「遺産相続の粉」と呼ばれ、ヴィクトリア時代が「毒殺の黄金時代」として知られるまでにした唯一の物質です。

ヒ素が完璧な毒となるまでにいくつもの偶然が重なりました。一九世紀のイギリスでは、ヒ素はハエ取り紙や殺鼠剤として薬局やスーパーで広く販売されていました。毒薬の中では非常に安価で、わずか数ペニーで買えたので、誰にとっても「公平に」と言っていいほど手に入れやすい毒物でした。子どもへのヒ素の販売を禁止し、販売者が毒物を誰に売ったかを記録することを義務付ける法律が制定されたのは、ようやく一九世紀の半ばになってからのことです。毒を使用しようとする者にとって重要なのは、ヒ素にはそれと気づかれる臭いも味もまったくないということです。味があるとすれば、少し甘いかもしれないという程度で、食べ物や飲み物に混ぜることは容易でした。さらに重要なのは、ヒ素中毒の症状が、当時一般的だった多くの病気、例えば胃腸炎、コレラ、赤痢などの症状とほとんど区別がつかなかったことです。

ヒ素は刺激性の毒とされていますが、それだけではヒ素の強力な毒性を適切に表現できないように思われます。一般的に、ヒ素による急性中毒に陥ると被害者は一時間以内に強い胃の痛みを感じた後、激しく嘔吐し水のような下痢となって脱水に陥ります。その後ヒ素は血中に入り込み、これがショック状態を引き起こすと、脈拍が弱くなったり急激に速くなったりします。さらに皮膚が冷たく汗ばんだ状態になります。その後短時間で昏睡状態に陥り、心不全を起こして死に至ることもあります。

ヒ素による中毒死を自然死に偽装したい毒殺犯にとって、急性ヒ素中毒は目立ちすぎるため、多くの毒殺犯は長期にわたって少量ずつ盛る方法を選択しました。被害者は胃痛、嘔吐、下痢に加え、口や喉の焼けるような痛み、極度の喉の渇きを訴えたことでしょう。これらの症状は多くの一般的な病気の症状とよく似ており、たとえ医療の専門家であっても毒物による中毒症状という結論に飛びつくのは難しいでしょう。このように、症状がゆっくりと進行し時間をかけて体が衰弱していくことで自然死のように見えるため、事件として捜査されずにすむものでした。

しかし、ヒ素は体に確実にその痕跡を残すため、時間をかけてもう少し詳しく調べればその痕跡は見つかるでしょう。観察力のある医師や検視官であれば手のひらや足の裏の皮膚が厚くなっていたり、「オルドリッチ・ミーズ線」と呼ばれる、手指の爪に水平に残る白い線が出ていたりする皮膚の変化に気づくかもしれません。ヒ素は骨、毛髪、爪など体のあらゆる部分の組織に浸透して沈着するため、調べれば死後何年経過していても検出されます。

ジェームズ・ウォートンが *The Arsenic Century: How Victorian Britain Was Poisoned at Home, Work, and Play*（ヒ素の世紀——家庭も仕事も遊びも毒に侵されていたヴィクトリア朝時代のイギリス）で説明しているように、一九世紀は文字通りヒ素であふれかえっていました。果物や野菜、肉や菓子、ろうそく、ビール、子どものおもちゃ、衣服、壁紙などにヒ素が入っていました。一七七五年にスウェーデンの化学者カール・シェーレが発明した合成顔料は「シェーレグリーン」と呼ばれ、当時大変な人気を集めました。亜ヒ酸銅を使って作られたこの美しく鮮やかな色合いの顔料は、さまざまなものに色を付けるために使われました。

このテーマに関するルシンダ・ホークスレイの見事な著書、*Bitten by Witch Fever: Wallpaper & Arsenic in the Victorian Home*（魔女の熱に取りつかれて――ヴィクトリア時代の家庭の壁紙とヒ素）では、イギリス国立公文書館所蔵のヒ素顔料を使った壁紙デザインの数々が紹介されています。それを見れば、危険であるにもかかわらず、大衆がなぜこれほどまでに夢中になったのかが容易に理解できます。

　ファッションの世界も、ヒ素を使って作られた鮮やかな色の流行の例外ではありませんでした。アリソン・マシューズ・デーヴィッドの著書、*Fashion victims: the dangers of dress past and present*（邦訳『死を招くファッション――服飾とテクノロジーの危険な関係』、安部恵子訳）によれば、この時代のヒ素を用いた顔料で染められた二〇ヤード（約一八メートル）の生地で作った緑色のフォーマルドレスには、驚くことに九〇〇グレーンものヒ素が使われていたといいます（「グレーン」というのはこの時代によく使われていた重さの単位で、オオムギ一粒の重さを意味し、およそ六五ミリグラムに相当します）。この「死を招く生地」について、ブリティッシュ・メディカル・ジャーナル誌は「そのドレスを纏った魅力的な女性は、死の使者とでも呼ぶにふさわしい。スカートの中に、半ダースの舞踏会で出会う信奉者たちを全員殺せるほどの毒を隠している」と述べています。

　ヴィクトリア朝時代の人々はヒ素と複雑な関係にありました。ヒ素を、良いものであると同時に、悪いもの、そして無害なものと捉えていました。ヒ素を薬や化粧品、鮮やかな色合いの顔料に好んで使用し、壁紙を貼った部屋からハエや南京虫がいなくなることを喜んでいました（実際、南京虫は壁紙の有毒ガスで死ぬので、まさに「炭鉱のカナリア」のように、危険を知らせる前兆でもあったのです）。しかし、ヒ素は常に危険なものであり、人々の生活や家庭に広く普及していたので、それが武器として使われることは避けられなかったのかもしれません。

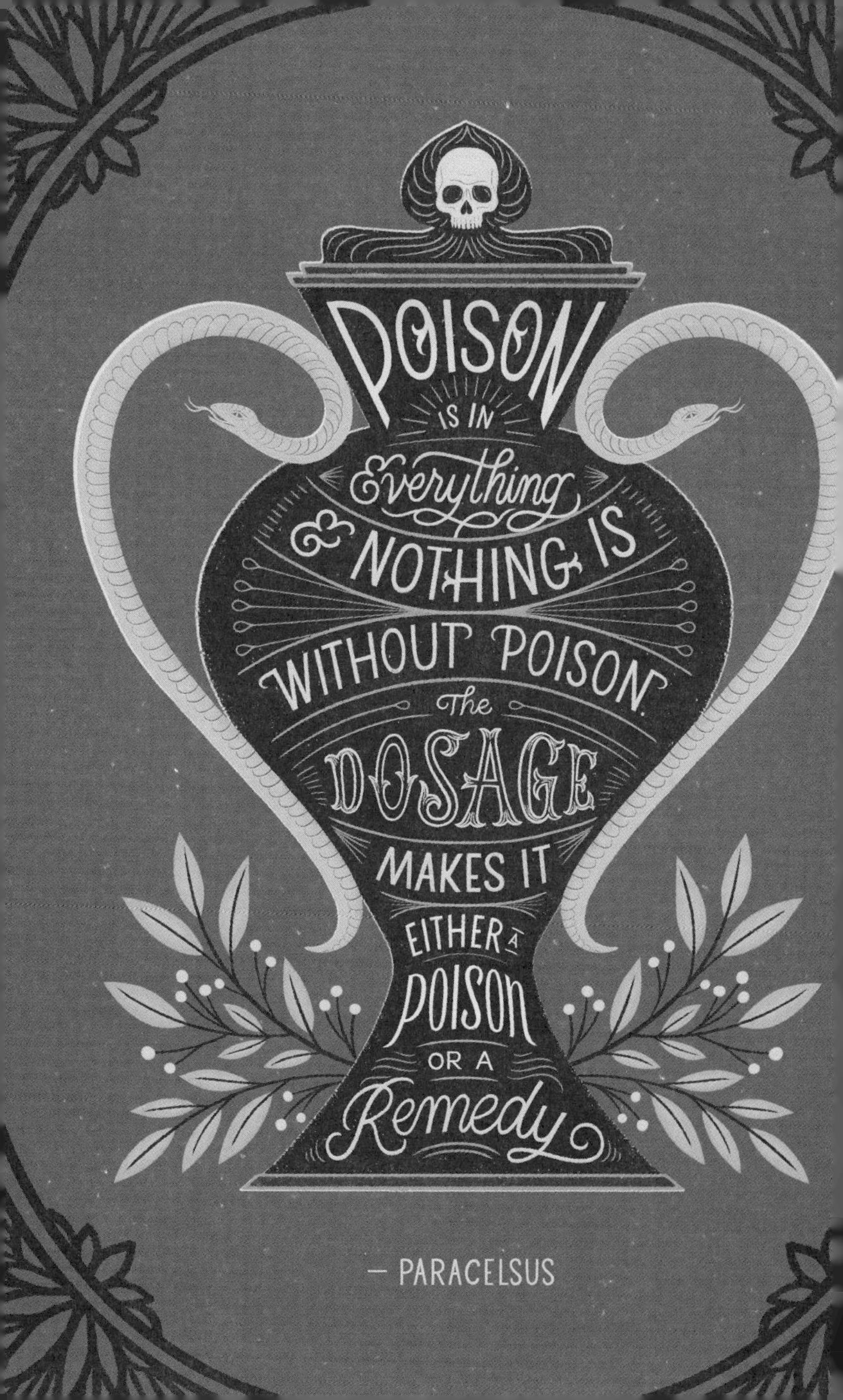
POISON
IS IN
Everything
& NOTHING IS
WITHOUT POISON.
The
DOSAGE
MAKES IT
EITHER A
POISON
OR A
Remedy
— PARACELSUS

第1章 プロの毒使いたち

すべてのものは毒であり、毒のないものはない。毒になるのか薬になるのかは量で決まる。

——パラケルスス［一六世紀ヨーロッパの医師・化学者］

市場は需要と供給の法則に基づいて動いており、多くの人々が毒を求めていました。プロの毒使いたちはその要望に応えて活動していました。彼らの名刺を想像すると驚いてしまいます！　この章で取り上げる女性たちは、さまざまな動機で殺人という商いに手を染めていました。困窮している人を助けるために毒殺のスキルを使った者もいたかもしれませんが、多くの場合、毒殺は利益を得るために行われました。独特の洞察力を持ち、顧客に対して共感を示していたため、多くのプロの毒使いたちが女性の顧客を惹きつけていました。

このような女性たちは多くの場合、ヒーラーや薬草医としての訓練を受けていたため、人々を癒すだけでなく、害するための植物の使い方もよく知っていました。多くの植物にはこのような二面性があり、これは間違いなく植物を使用した女性たちの本質でもあります。古代ギリシャ語で「pharmakon（ファーマコン）」という言葉は薬と毒の両方を意味し、同じ物質が薬にも毒にもなるという複雑さを示しています。「毒」という言葉はもともと愛の女神ヴィーナスに由来し、最初は特に媚薬を意味していました。この意味は時代が移り変わるにつれて治療薬や魔法の薬、そして常に「毒」という意味を持つ

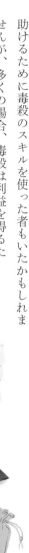

ように進化しました。しかし、女性たちは植物学や治療に関する知識があっても、医師や薬剤師、科学者と呼ばれることはありませんでした。正式な教育を受けてそのような称号を得る機会には恵まれなかったからです。代わりに、魔女、毒殺女などと呼ばれていました。

熟練の技術を持ち、成功し、経済的に自立している女性は一部の人々（主に男性）を不安にさせることで知られてきました。一三〇〇年代頃のヨーロッパではこのように賢い女性やヒーラーに対する考え方が変わり始めました。

事実上同じものであったカトリック教会と政府が、毒使いの女性たちを悪魔と結託した脅威として扱い始めたのです。そして一四〇〇年代にヨーロッパがヒステリックな女性嫌悪に支配されるようになると、魔女狩りと裁判が始まりました。この流れは大陸を超えて一気に世界に広がりました。セイラムで行われたアメリカの魔女裁判では、「魔法使い」として捕らえられた者のおよそ八〇パーセントが女性でした。通常、そのコミュニティのなかで嫌悪されている、または理解されていない人々でした。この章に登場する多くの女性は一様に魔女として告発されています。

これらの女性が関与していた毒殺事件は概して、それよりはるかに大きな社会問題を象徴したものでした。しかし、ほとんどの社会では、毒殺の原因となった問題を認識し修正する代わりに女性を見つけて罰することを選びました。この章で取り上げる女性たちは賢く有能で、行動力があったため、危険な存在だとみなされることが多かったのです。

ロクスタ

一世紀のローマに生きたロクスタは、毒薬の専門家として非常に評判が高く、多くの名家から雇われていました。小アグリッピーナは、息子ネロを皇帝に即位させるためにロクスタを雇い、夫である皇帝クラウディウスを毒殺したと言われています。その後、ネロは義理の弟を排除するためにロクスタを雇った可能性があるとされています。しかし、「皇室御用達の毒使い」として知られたロクスタは、後に皇帝ガルバによって処刑されました。

古代ローマ時代、植物について深い知識を持ち、その毒性を引き出す方法や、それを人々に気づかれずに与える手法を知っていたとしたら、つまり殺人を実行できたなら、あなたはどうしたでしょうか。そのような技術や知識、巧妙さを完璧に兼ね備えていた人物が、ロクスタという女性です。ロクスタは当時、非常に人気のある毒使いとして知られていました。植物学に精通している一方で、策略に富んだ暗殺者でもありました。ローマの政界の大物たちはその腕前を武器として買っていました。

LOCUSTA
IN FIRST-CENTURY ROME, LOCUSTA WAS A POISON EXPERT AND SOUGHT-AFTER ASSASSIN FOR HIRE TO THE POWERFUL ELITE. AGRIPPINA THE YOUNGER WANTED TO SEE HER SON NERO IN LINE FOR THE THRONE AND IS SAID TO HAVE HIRED LOCUSTA TO MURDER HER HUSBAND, THE EMPEROR CLAUDIUS. NERO MAY HAVE HIRED HER AGAIN TO DO AWAY WITH HIS STEP BROTHER. THE "IMPERIAL POISONER" WAS LATER EXECUTED BY EMPEROR GALBA.

もし、毒使いとしての能力を求めて大金を喜んで払う人たちがもっと少なければ、はたして彼女は植物の知識を活かし、ヒーラーとして活動したのでしょうか。キャサリン・ラムズランドの著書 *The Human Predator: A Historical Chronicle of Serial Murder and Forensic Investigation*（人間捕食者——連続殺人と法医学捜査の歴史）では、ロクスタは「死霊の起業家」として紹介されています。

しかし実際には文字通り「毒使い女のロクスタ」として知られるようになりました。ロクスタは一世紀にガリア（現在のフランス、ベルギー、ドイツ、イタリアの一部）で生まれましたが、経歴や幼少期についてはあまり知られていません。ロクスタに関する情報は、主に古代の歴史家タキトゥスの『年代記』や、彼と同時代のスエトニウスとカッシウス・ディオの記述に基づいています。ロクスタが植物学について豊富な知識を持っていたことは明らかで、おそらく先祖から受け継いだ知識に加え、自宅近くの植物を研究して自ら学んで身につけたのだと考えられます。ローマに到着したとき、誰もが権力に近づこうとして一族の陰謀、権力闘争、影の同盟が渦巻く、まさにメロドラマを地で行くような世界に足を踏み入れたのでした。

ユリウス＝クラウディウス朝（紀元前二七年から紀元六八年）の時代、毒は問題を解決する方法として非常に一般的なものでした。『風刺詩集』の著者ユウェナリスは、紀元一世紀に私利私欲のための毒殺が一種のステータスシンボルになっていたと皮肉を交えて記述しています。ローマでは、「郷に入っては郷に従え」という言葉通り、社会的地位のある人たちがそのような毒殺を行っていたのです。

ロクスタはよく連続殺人犯と形容されますが、実際には裕福なパトロンから報酬を得る雇われの殺し屋でした。結局二度捕まり投獄されましたが、二度とも有名な後援者の手によって保釈されました。三度目の逮捕のとき、意外な訪問者が現れました。それはアグリッピーナこと、ユリア・アグリッピーナでした。彼女には、ロクスタの独特の才能を必要とするちょっとした仕事があったのです。それは、夫、皇帝クラウディウスの命を絶つことでした。ロクスタは刑務所から出るため、その仕事を引き受けることにしました。

アグリッピーナは、その美貌と野心、狡猾さ、冷徹さで名高い存在でした。かつて、兄カリグラ(そう、あのカリグラ帝のことです)に対する陰謀に関与したとして追放されていましたが、兄の死後にローマに戻ることが許されました。アグリッピーナは皇后になる前に二度結婚しており、少なくとも夫の一人を毒殺したという噂があります。息子ルキウス(後のネロ帝)を帝位につけることを切望していました。

クラウディウス帝が三番目の妻メッサリーナを処刑し、新しい花嫁を探し始めると、アグリッピーナは権力を握り始めました。この不安定な状況のなか、クラウディウス帝は自身の姪であるアグリッピーナと結婚しました。この近親婚を合法化するために不徳な新法を通す必要がありましたが、ローマ市民は支持していませんでした(もし「今とは違う時代だから、その頃は受け入れられていたのだろう」と思っているなら、間違っています。当時の人も近親婚には反対していました)。アグリッピーナはすぐに、メッサリーナに忠実だった者たちを排除することに取り掛かりました。計画の最後の仕上げは、クラウディウスを説得して自分の息子を養子にし、クラウディウスの実の息子、ブリタニクスの後継者に使命させることでした。

　クラウディウスは、妻が度々野心的なことを口にするため、自身の結婚の選択を後悔し始めました。突如として妻に疑念を抱くようになった彼の心境を、皆さんは理解できるでしょうか？　あともう少しで自分と息子が権力を握れそうだというところで急にクラウディウスの態度が変わり、夫婦の関係がギクシャクし始めました。そんなときにアグリッピーナはロクスタのもとを訪ねたのです。

　伝えられるところによると、二人が考えた計画はなかなか見事なものでした。アグリッピーナが夫を楽しく酔わせている間に、ロクスタは皇帝の好物であるキ

ノコ料理に毒を盛るというものです。特に重要だったのは、毒味係の使用人の気をそらすことでした（毒味係はそれだけが仕事でした）。クラウディウスはキノコ料理をむさぼるように食べ、間もなくひどい胃の痛みを訴え始めました。医者が呼ばれました。ここがロクスタの毒使い名人としての腕の見せどころです。ロクスタは医者がクラウディウスの喉をくすぐって吐かせようとする際に羽根を使用することを知っていたので、ロクスタはあらかじめその羽根に毒をさらに仕込んでおいたのです。こうしてクラウディウスは死に、ルキウスは新たにネロという名で即位しました。

二人の女性が共有する暗い秘密により二人の関係が永遠に友好的であるわけではありませんでした。アグリッピーナはすぐにロクスタを裏切りロクスタを夫の殺害の実行犯として告発し、死刑を言い渡しました。しかし新しい皇帝ネロは、ロクスタは将来的に利用価値があるかもしれないと考え、彼女を側に置くことにしました。ネロは不安に思っていました。義弟ブリタニクスが側にいて、いつでも王位継承権を主張できる立場にあったからです。スエトニウスの言葉「腐ったリンゴは木から遠くには落ちない」に倣って、ネロも母親のやり方を選び、ロクスタに義弟の毒殺を手助けするよう頼んだのです。

言い伝えによると、ネロはブリタニクスを晩餐会に招待し、ブリタニクスは愚かにもその招待を受けたということです。その当時、ワインをお湯で割って飲む習慣がありました。ワインが熱くなりすぎてしまったので、ブリタニクスは冷たい水を求めました。毒味係はワインの毒味はしましたが、ワインを割るための水までは調べませんでした。皆さんの推測通り、ロクスタはそこに毒を仕込んだのです。ブリタニクスはもがき苦しみ、痙攣を起こし始めましたが、ネロは心配した招待客たちを落ち着かせるため、義弟はてんかんを患っていてこのような発作は珍しくないと説明しました。ブリタニクスは別室に運ばれ、その後まもなく死亡しました。

毒殺の成功にネロはおおいに満足し、忠実に務めを果たしたロクスタを称え、金と財産を与えました。そして「帝国御用達の毒使い」という空想上の称号を与えました。また、ネロは自分の生きている間ロクスタを死刑から免除し、毒に関する専門知識を広めるための学校を設立し、他の人々たちもロクスタから専門技術を学べるようにしました。こうしてロクスタはガリアの農民から身を立て、ローマの政界で権力を握る存在となったのです（よほど肝が据った女性だとも言えるでしょう）。

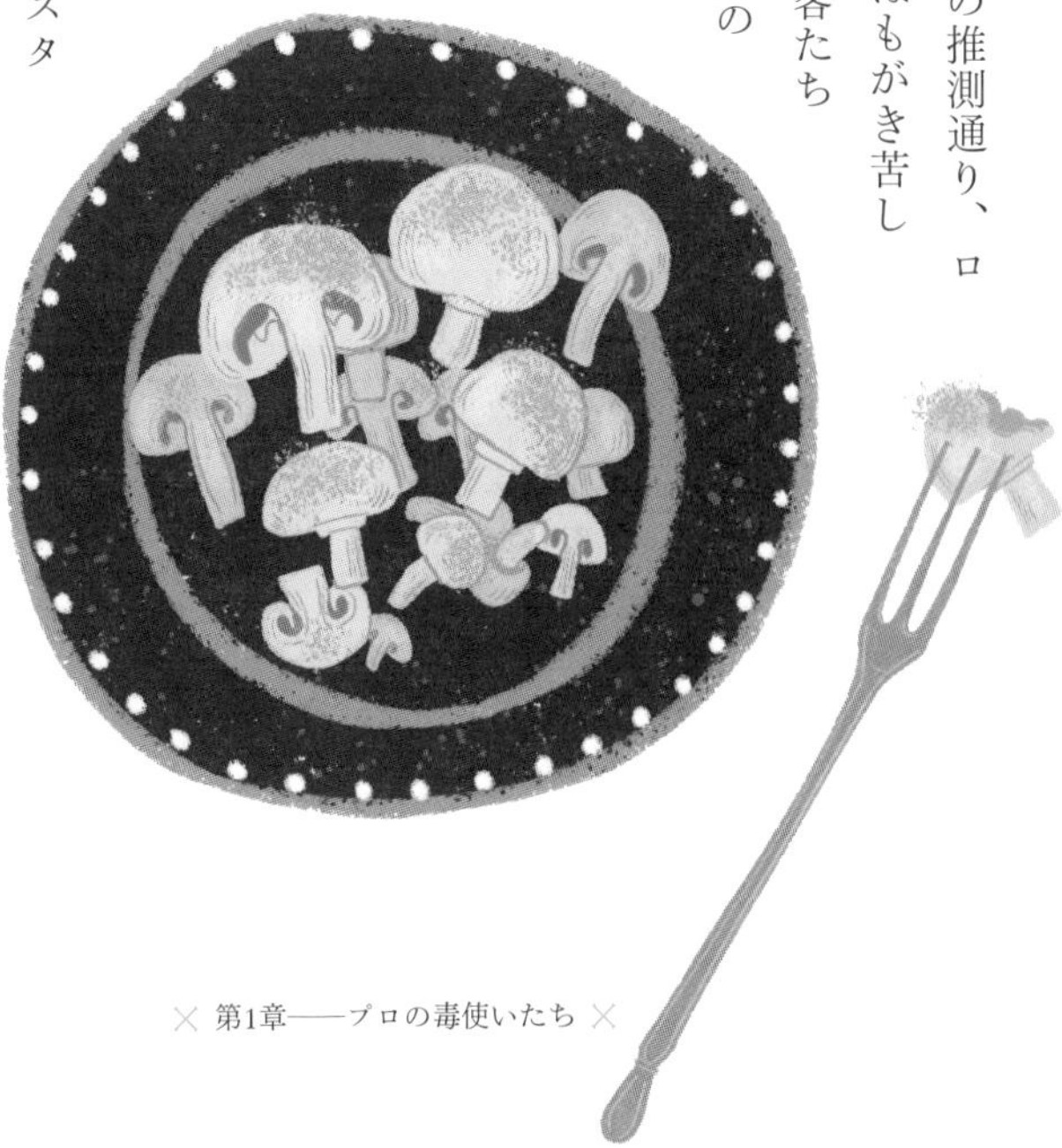

ネロの後を継いだ皇帝ガルバは、ロクスタから帝国に保護される権利を剥奪し、死刑を言い渡しま

した。処刑方法は訓練されたキリンによるものだという不気味な伝説が囁かれていますが、実際には、鎖につながれて街中を引きずられ、伝統的な方法で処刑されたと言われています。ロクスタは死ぬまでにローマの歴史に消えない痕跡を残しただけでなく、新たな世代の毒使いたちに技術を継承しました。卓越した技術と知識を用いて名声を築いた彼女でしたが、選んだ道は極めて危険なものでした。高い場所に登り詰めるほど、落ちるときは一気に落ちます。そして、アグリッピーナとネロは、ロクスタを自分たちと一緒に引きずり下ろしたのでした。

カトリーヌ・モンヴォワザン

カトリーヌ・モンヴォワザンは、別名「ラ・ヴォワザン」として知られる、一七世紀のフランスの占い師であり、毒薬の売人でした。膨大な顧客リストには、王ルイ一四世の愛人を含む貴族が名を連ねていたといいます。「ルイ一四世の宮廷（毒物調査事件）」の捜査の過程で捕らえられ、魔術を使った疑いで火あぶりの刑に処せられました。

Catherine
Monvoisin
CATHERINE MONVOISIN, KNOWN COLLOQUIALLY AS 'LA VOISIN' WAS A FORTUNE TELLER AND POISON PURVEYOR IN SEVENTEENTH-CENTURY FRANCE. HER VAST CLIENT LIST WAS SAID TO INCLUDE MEMBERS OF THE NOBILITY, INCLUDING KING LOUIS XIV'S OWN MISTRESS. SHE WAS ARRESTED DURING THE AFFAIR OF THE POISONS AND BURNED AT THE STAKE FOR WITCHCRAFT.

毒の需要に応えて自力で道を切り開いた女性にはもう一人、カトリーヌ・デエというフランス人女性がいました。彼女は自分が神から予知能力を授かったと主張していました。子どもの頃から人の人相や手相を読み、その未来を見ることができると語っていました。もしかすると本当に神から授かった才能があると信じていたのかもしれませんし、あるいはただ人の話をよく聞いて、その人が何を言って欲しいのかがわかっただけなのかもしれません。どちらにせよ、その特異な才能をうまく利用しました。

一六五〇年代、一〇代だったカトリーヌは宝石商であり絹織物商人のアントワーヌ・モンヴォワザンと結婚し、何人かの子どもに恵まれました。しかし、夫の事業が倒産すると(それを予知できなかったのは残念なことでした)、カトリーヌ・モンヴォワザンはその特異な能力を活かし、パリで占いの店を開業しました。さらに、助産師や非合法な堕胎の施術者としても活動していました。

オカルト的な能力を持っていながらも、カトリーヌは敬虔なカトリック教徒でした。占いを始めた当初、訪れた客たちに「主がお望みならば願いは叶う」と語り、特定の聖人へ祈りを捧げるよう勧めていました。しかし、次第にパトロンたちがただの祈りを超える何かを求めていることに気づいたカトリーヌは、媚薬、催淫薬や毒薬を売り始めたと伝えられています。カトリーヌの売る薬には、ヒキガエルの骨や血、人骨の粉といった、一般的には敬遠されるような成分が含まれていたと言われています。

カトリーヌは、雰囲気が重要であることをよく理解していたので、占いを披露する際は劇的な要素を取り入れていました。顧客たちが本当に神秘的な何かとつながっていると信じられるように、雰囲気をうまく演出しました。自宅の裏庭に隠れた小さな部屋で顧客をもてなす際、金の鷲が刺繍された豪華な赤いベルベットのローブを身に着けていたと言われています。見せ場を作るのに長けていたのです！

やがてカトリーヌは自分の姓、モンヴォワザンをもじって自分の愛称を考案し、自らを「ラ・ヴォワザン」と名乗り始めました。これは「隣人」という意味です。この名前は、親切な隣人が砂糖を貸すようなイメージを思い起こさせます。ところが彼女が実際に行っていたのは人の遺骸を粉末したものを「指ぬき一杯分（ほんの少量）」貸すというような恐ろしいことでした。やがて評判は上がり、パリの裕福なエリートたちも顧客に持つようになりました。ラ・ヴォワザンは、女性実業家として大成功し、魔術師の仕事と占い師の仕事で、大家族を養うのに十分な額の収入をしのぐ収入が得られるようになりました。

一方、ヴェルサイユのルイ一四世の宮廷は、次々と起こる毒殺事件により大騒ぎとなっていました。貴族のド・ブランヴィリエ夫人（後述）が毒殺犯として裁かれ処刑されたことは、フランス全土を驚かせました。多くの人々は恐怖とヒステリーにとらわれ、数多くの自然死も毒殺と疑われ、非難の声が高まっていました。この騒動は後に「アフェール・デ・ポワゾン（毒物調査事件）」として広く知られることとなります。

一六七九年、ルイ一四世はこの毒殺の流行を終息させるために「シャンブル・アルダンテ（燃える部屋）」と呼ばれる特別な裁判所を設置しました。これは、街の占い師や錬金術師の間で疑われた一連の毒殺事件を調べるためのものでした。

ルイ一四世は、ガブリエル・ニコラ・ド・ラ・レイニーをパリの警察中将に任命し、審理を監督させました。

ルイ一四世の疑念は、ラ・ヴォワザンのような占い師が毒を販売しているのではないかという点ではまさしく当たっていました。しかし、彼の調査の中では宮廷に出入りする人のうち何人が事件に関与していたかを完全には把握できなかった可能性もあります。「燃える部屋」の調査はまさに紛糾して燃え上がりそうでした。

ラ・ヴォワザンの最も有名な顧客とされていた人物は、毒殺スキャンダルを国王の寝室にまで持ち込むことになりそうでした。当時のヨーロッパの王たちは、妻に加えて「メトレス・アン・ティートル」と呼ばれる公式の愛妾を持つのが普通でした。ルイ一四世には在位中、多くの公式・非公式の愛妾がいました。多くの女性がこの憧れの地位とそれに伴う特権を求め、王の注目と寵愛を巡って争っていました。そんな野心的な女性の一人が王妃の側近だったマダム・ド・モンテスパンでした。

モンテスパンは、ルイ一四世の最初の公式の愛妾、ルイーズ・ド・ラ・ヴァリエールから国王の寵愛を奪い取るために、ラ・ヴォワザンから媚薬や催淫薬を求めたと言われています（興味がある方のために付け加えると、ラ・ヴォワザンが売っていた催淫薬にはコウモリの血、鉄屑、経血、精液などの、性的な興奮を呼び覚ます成分が含まれていたといいます）。ほどなくしてマダム・ド・モンテスパンは願いを叶え、ルイ一四世の公式の愛妾と宣言されました。そして、ヴェルサイユ宮殿にある自分の部屋が王妃の部屋よりも多いと自慢していました。

公式の愛妾になってからの一三年間で、マダム・ド・モンテスパンは、夫との間に生まれた二人の子どもに加え、国王の子を七人産みました。度重なる妊娠で体形は当然影響を受け、体重の増加やますます荒くなる気性についていろいろと言う人もいました。国王の目はやがて、宮廷に新しくやってきた魅力的な女性に向けられるようになっていきました。一七歳のアンジェリーク・ド・フォンタンジュはある廷臣から「天使のように美しく、カゴのように頭がからっぽ」と評されていました。この新たなライバルは、マダム・ド・モンテスパンのような機知をもちあわせていなかっただけでなく、マダム・ド・モンテスパンの半分の年齢でした。国王がフォンタンジュに公爵夫人の称号を与えたとき、マダム・ド・モンテスパンは烈火のごとく怒りました。モンテスパンは、国王にそのようなことをしてもらったことがなかったからです。

流産による合併症を患った後、アンジェリークは次第に病状が悪化し、回復することはありませんでした。当時の著名な作家、プリミ・ヴィスコンティはアンジェリークが「国王の楽しみのための殉教者」として死ぬだろうと冗談を言いました。しかし、アンジェリークは自分が毒を盛られたと考え、宮廷の人たちも同じように考えていました。アンジェリークがわずか一九歳で悲劇的な死を遂げたとき、犯人は明らかにマダム・ド・モンテスパンだと見られていました。

ちょうどこの頃、ラ・ヴォワザンのライバルである毒使いのマリー・ボッセが、多くの人々が毒を求めてお金を払ってくれるので引退できるほど稼いでいる、と夕食会で酔っ払って自慢したため、逮捕されました。このことを話した相手がたまたま弁護士で、その弁護士が警察に通報したのです。ボッセ（ニックネームがおそらくボスだったのでしょう）は、自分から疑いの目をそらすため、迷わずラ・ヴォワザンの名前を出しました。ラ・ヴォワザンは一六七九年に教会のミサから出てきたところを逮捕されました。自宅を捜索したところ、魔術の手引きや黒い本（サタン教徒や死霊術師のための入門書、呪文の入門書）や、聖職者の衣服、儀式用品、十字架、お香、黒いろうそくが見つかり、庭の小屋からは有害な煙を放つ謎のかまど、灰の中からは人間の幼児の骨の欠片が見つかりました。ラ・レイニー警察中将はラ・ヴォワザンと関係者の多くを尋問しました。

アン・サマセットは、その著書*The Affair of the Poisons: Murder, Infanticide, and Satanism at the Court of Louis XIV*（毒物調査事件――ルイ一四世の宮廷における殺人、乳児殺し、悪魔崇拝）のなかで、「シャンブル・アルダンテ（燃える部屋）」による調査で逮捕された人々の証言に多くの時間を割いています。最終的に、ラ・ヴォワザンはラ・レイニー警察中将に対して毒について語ったのですが、その際、「パリはこれと同じような事態であふれており、この悪しき取引に手を染めている者は数え切れないほどいる」と述べたといいます。ラ・ヴォワザンはさらに続けて、「あらゆる地位や境遇にあった大勢の人々が、多くの人の死を望んだり、殺す方法を見つけたりするために私のもとを訪れた」と話しました。

ラ・ヴォワザンは、裁判で魔術の罪で有罪とされ、火あぶりの刑に処せられることになりました。しかし、彼女のストーリーはそこで終わりませんでした。二一歳の娘、マリー・マルグリット・モンヴォワザンが、母親をさらに有名にする物語を紡ぎ出すことになりました。マリーも逮捕されてラ・レイニーに尋問されましたが、マダム・ド・モンテスパンが母の常連客であったと主張しまし

た。王と問題を抱えるたび、ラ・ヴォワザンの媚薬や治療薬を求めてきたと主張したのです。

さらにマリーは、マダム・ド・モンテスパンが、資格を剝奪された神父の助けを借りて、黒魔術のミサを母に頼んだという大胆な主張をしました。この儀式には、女性信者の裸体を祭壇にまつり、サタンへ祈りを捧げ、伝えられたところによるとさらに人間の乳児を犠牲にして、その血を女性の腹の上に置かれた聖杯に注ぐ行為が含まれていたということです。マリーは、マダム・ド・モンテスパンが国王の寵愛を得るためにこの暗黒の儀式に参加したと主張しました。

マリーの話には、警察の捜査官をぞっとさせるもう一つの側面がありました。国王が若くて頭がからっぽな美女、アンジェリーク・ド・フォンタンジュに夢中になったとき、モンテスパンが嫉妬に狂い、復讐したいと言ってきたと主張したのです。マリーは、モンテスパンが「あの娘と王を殺したい」と言って大金をちらつかせ、ラ・ヴォワザンに暗殺の仕事を持ち掛けたのだ、と話しました。

暗殺計画の内容は、新しい若い愛妾に毒を含んだ布と毒を塗った手袋を贈るというものでした。国王の暗殺には、ラ・ヴォワザンが毒を染み込ませた嘆願書を直接手渡すことになっていました。その日は国王が直接国民の話を聞くことになっていました。ラ・ヴォワザンが毒入りの嘆願書を持ってやって来たとき、不平を語りにきた市民がいつもよりも多くいて、毒を染み込ませた嘆願書を国王に手渡すチャンスがありませんでした。そこで一旦家に帰り、娘にその嘆願書を燃やすよう指示しました。別の日にもう一度試みようとしていましたが、ラ・ヴォワザンはその前に逮捕されたため、国王は運よく難を逃れました。

ラ・レイニー警察中将はこれが事実かどうかは確認できませんでしたが、そう示唆されただけでスキャンダルになるには十分でした。国王の愛妾がこのような毒殺事件に関与していたという話が少しでも嗅ぎつけられたら、国王と国家にとって一大スキャンダルとなります。

このような話を暴露されたため、ルイ一四世は急遽調査を打ち切り、関連する文書をすべて封印するよう命じました。国王としては、この事件は内部の問題として扱わなければならなくなりました。非常に危険な橋を渡っている状況でした。

「シャンブル・アルダンテ（燃える部屋）」が調査していた三年間で三一九件の逮捕状が出され、約二百人が拘留され、三六人が処刑され、さらに一七人が国外追放されました。ルイ一四世はかつての恋人に対する告発を秘密にしようとあらゆる手を尽くしましたが、マダム・ド・モンテスパンは最後には宮廷を去ることになり、残りの人生を修道院で過ごしました。周囲の人は敬虔な修道女ばかりで、彼女が参加したミサは厳格なカトリックのものでした。

悪名高いラ・ヴォワザンは矛盾した存在でした。敬虔なカトリック教徒でありながら、オカルトに手を染めていたのですから。そして、上流階級の人たちとも、下流階級の人たちとも交流していました。未来を予知できると主張しながら、自らが罠に嵌まっていました。権力と成功は最終的に自身を破滅させましたが、何世紀にもわたって毒を提供してきた大きな裏組織の一員でもあったのです。

ジュリア・トファーナ

ジュリア・トファーナは一七世紀のイタリア女性のなかで民衆の英雄とされる人物です。自身の名前を冠した毒薬「アクア・トファーナ」を香水やヒーリングオイルの瓶に詰めて偽装し、夫から暴力を振るわれている女性たちに販売していたと伝えられています。後に自身が販売した毒薬によって六百人の男性の命を奪ったと自白し、捕らえられて拷問にかけられました。

家父長制の厳しいカトリック・ルネサンス期のイタリアでは、離婚という選択肢はありませんでし

GIULIA TOFANA

GIULIA TOFANA BECAME A FOLK HERO AMONG WOMEN IN SEVENTEENTH-CENTURY ITALY. IT IS BELIEVED THAT SHE PACKAGED AND SOLD HER NAMESAKE POISON "AQUA TOFANA" IN THE GUISE OF BEING PERFUME OR HEALING OIL TO WOMEN IN ABUSIVE RELATIONSHIPS. SHE WAS LATER CAPTURED AND TORTURED WHEN SHE ALLEGEDLY CONFESSED TO KILLING SIX HUNDRED MEN WITH HER POISON.

た。辛い結婚生活や妻に暴力を振るう夫から逃れる方法は死しかありませんでした。一六世紀後半に生まれたジュリア・トファーナは、危険のない生活と自由、そして夫に先立たれた女性になるための鍵を手にしていました。その秘密は、ジュリア・トファーナが自分で配合したブランド毒薬「アクア・トファーナ」の入ったガラスの小瓶でした。その具体的な成分は今となっては明らかではありませんが、ベラドンナ、ヒ素、鉛の組み合わせであったと考えられています。この毒は無臭、無色、無味で、検出は実質的に不可能でした。そして、その効き目は徐々に現れ、まるで自然死のように見えたことから、完璧な毒薬だと評価されていました。ジュリア・トファーナのこの毒薬の製作者としての評判は、多くの女性たちの間で伝説となりました。

トファーナが生きた時代から数世紀経った一八九〇年に、チェンバーズジャーナル(*Chambers Journal*)はアクア・トファーナに関して以下のように書いています。

> うわべだけ優しい顔をした裏切り者が〈それ〉をワインや紅茶などの液体に垂らすと、飲んだ者がほとんど気づかないような影響をもたらした。夫は少し具合が悪くなり、体力が落ちて体のだるさを感じるものの、医者を呼ぶほどでもないと感じるだろう。しかし、二度目に飲むとそのだるさと体調の悪さは増していく。病気になった夫のことを心から心配している様子の美しい妻、メディアは、ほとんど疑われることもなく、医者に

言われた通りに、自らの美しい手で夫の食事を用意することだろう。同じようにして三度目に飲まされた後は、どんなに健康な男性であってもすっかり体が衰えてしまうことだろう。

ジュリアの出自について詳しいことはわかっておらず、生い立ちについては諸説あります。ジュリアは、自分を虐待していた夫を殺害した罪で処刑された母親から、独特の成分の調合方法について教わっていたのかもしれないとの話もあります。もしこの出自の話が本当だとすれば、悲劇的な結婚に囚われていた女性たちに対してなぜ強く共感したのか説明がつきます。その女性たちと自分を重ね合わせ、女性たちを助けることを使命だと感じていたのかもしれません。また、ジュリアが薬剤師のもとで学んだという話もあり、その毒を自分で開発した可能性もあります。

一七世紀前半、ジュリアはナポリに店を構え、化粧品や香水を取り扱っていました。この店はジュリアの毒薬販売の理想的なカムフラージュとなっていたのです。聖人の絵が描かれたガラスの小瓶に、毒薬を入れて販売していました。これらの瓶は一見、通常の化粧品や「聖ニコラスのマンナ」と称されるヒーリングオイルと見分けがつかないほどでした。女性たちは、これらの小瓶を化粧台やドレッサーの上に他の化粧品と一緒に並べることで目立たないように隠していました。どの瓶に毒が入っているのか、その瓶を隠した本人だけしかわからないようにしていたのです。

ジュリア・トファーナは後にローマに場所を移して毒薬の販売を続け、娘と思われる若い女性、ジロニマ・スパナが家業に加わりました。毒薬を売る狡猾な女性の集団のリーダーがジュリアだったとされています。

彼女は毒物の取引で紹介制度を利用していました。「アクア・トファーナ」を使ってすでに夫を毒殺した経験のある顧客が、新しい顧客の信用を保証する役割を果たしていました。言い伝えの中でも特に有名なものによれば、この紹介制度のおかげでジュリアは五〇年間も毒物の商いを続けることができ、刑務所行きを免れていたのだということです！

しかしジュリアにとっては不運なことに、顧客の中には、突然の良心の呵責に駆られる者も現れました。ベン・ハバードの著書 *Poison: The History of Potions, Powders, and Murderous Practitioners*（邦訳『「図説」毒と毒殺の歴史』、上原ゆうこ訳）によれば、ある女性が夫に毒入りのスープを差し出したところ、すぐにパニックに陥り、慌てて夫からスープ皿を取り上げたといいます。驚いた夫は事の成り行きを知るため、妻に真実を話すよう迫りました。そして、彼は妻をローマ教皇庁に連れていき、ジュリアはすべてを打ち明けました。五〇年にわたる毒薬取引の末、この一杯のスープがジュリアの破滅につながったのです。

当局はジュリアを追いました。ジュリアは教会にかくまってくれるよう求めました。しかし、ジュリアが市の給水設備を毒物で汚染したという悪意ある噂が広まり始め、こうした告発が市民の怒りに拍車をかけて、暴徒が教会を襲撃しました。そして、暴徒らがジュリアをローマ教皇庁の手に引き渡したのです。ジュリアは拷問を受けて尋問され、自分が売った毒が六百人以上の男性を殺すのに使われたと自白しました(しかし、公平を期すために言えば、拷問されて行った自白は文字通りに受け取るべきではありません)。

一六五〇年代、ジュリアは自分の娘や他の女性の助手たちとともに死刑を宣告されました。歴史学者のマイク・ダッシュは、*Aqua Tofana: Slow-Poisoning and Husband- Killing in 17th century Italy*(アクア・トファーナ――一七世紀イタリアの緩慢な毒殺と夫殺し)という記事のなかでトファーナの数々の結末を詳しく調査しています。そのうちの一つの詳細な記録によれば、「トファーナは潜伏先から引きずり出され、首を絞めて殺された上」、「遺体は修道院の一角に夜中に投げ入れられた」とあります。他の説では、ジュリアは一度も捕まることなく、自分のベッドで亡くなったとも言われています。

アクア・トファーナの言い伝えとその恐怖は、ジュリア自身が亡くなった後も長く語り継がれました。一七九一年、

トファーナの死から百年以上経ってから、瀕死の作曲家ヴォルフガング・アマデウス・モーツァルトは、自分が毒を盛られたのだと確信していました。伝えられるところによると、彼は、「私はもう長くは生きられないだろう。毒を盛られたと確信している。この考えから逃れられない。（中略）誰かが私にアクア・トファーナを盛り、私の死期を正確に計算したのだ」と語ったとされています。現代の歴史学者たちがモーツァルトは毒殺されたと信じる理由はありませんが、これはジュリア・トファーナとその名前を冠した毒薬の影響力がいかに長く続いたかを物語っています。

当局はジュリアを殺すことはできたかもしれませんが、そもそも女性たちが毒を求めることになった状況を変えることは何もしませんでした。夫たちは罰せられることなく妻に暴力を振るい、不当に扱うことが許されていました。ジュリアの毒物を求める需要があったのも不思議ではありません。ジュリアはただの連続毒殺犯ではありませんでした。起業家であり、女性たちにとって慰めのよりど

ころであり、自警団の正義の担い手でした。真の「ルネッサンスの女性」と呼べる存在だったのです。

アナ・ドラクシン

暴力を振るう夫から女性たちを守るというトファーナの仕事は、とうてい終わったとはいえませんでした。その数百年後、別の国で別の女性がその役割を引き継ぐことになります。「ババ・アヌイカ」の名で知られるアナ・ドラクシンは、「アニーおばあちゃん」をセルビア・クロアチア語で表現したもので、非常にかわいらしい愛称です。また、「ウラジミロヴィッチの魔女」や「世界最古の連続殺人犯」としても知られています。九〇歳前後で逮捕されて有罪判決を受けるまでの間に、五〇人から一五〇人の毒殺事件に関与したと考えられています。

アナは一八三六年もしくは一八三八年にルーマニアで裕福な畜産農家の娘として生まれました。一九二九年八月にニューヨークの「アンゴラレコード」という新聞に掲載された記事によれば、アナはババ・アヌイカとして知られ、私立学校で教育を受けて五つの言語を操っていたといいます。化学や医学、植物学に造詣が深かったようですが、若いころにオーストリアの軍人との恋に破れ、その後、梅毒をうつされてしまいます。その経験をきっかけに、世間から離れて科学の研究に没頭するようになりました。

一〇代でユーゴスラビアに移住し、年上の地主と結婚して一一人の子どもを生みました。しかし悲劇的なことに、成人になるまで生き残った子どもは一人だけでした。結婚して二〇年後に夫が亡くなると、アナは再び孤独な生活に陥り、実験に没頭しました。

アナは自宅の一部を自分専用の化学実験室に改造しました。町の人たちは、病気の治療の相談や個人的な悩みを解決するために、彼女の治療師としての能力を頼りにしていました。

アナはよく人間嫌いとして描写されますが、それは一面的な見方かもしれません。厳しい人生を歩んできたなかで、訪れる人たちに手を差し伸べていました。アナはあらゆる種類の液体やエキスを取り揃えており、その中には媚薬、滋養強壮薬、そして「魔法の水」と自らが呼んでいた最も有名な液体も含まれていました。

アナはこの「魔法の水」を、夫から自由になりたいと願う女性たちの救いとして提供していました。アナは顧客に「その問題はどれほど重いのですか?」と尋ねたと言われています。これは、どれほどの毒を渡すべきかを知るために被害者の体重について尋ねる独特な質問の仕方でした。魔法の水には、植物由来の毒、またはヒ素が含まれていたとされています。

アナはこうした手段で数十年にわたって安定した収入を得ていました。問題を抱えた人を助ける仕事をしているのであれば、顧客に事欠くことはないものです。皆がどうにか手を貸して欲しいと思っていました。ババ・アヌイカは公平な実業家女性だったので、顧客の懐具合に合わせて薬の値段を調整していました。しかし、一九二八年、ついに殺人のための毒を提供した疑いで逮捕されました。新たに寡婦となった六人の女性も一緒に裁判にかけられました。法廷でアナは、自分が作ったエキスが誰かに誤用されたり過剰摂取されたりするのは自分のせいではないと弁明したということです。

一九二九年の「ブルックリンデイリーイーグル」紙の記事では、ババ・アヌイカと数百年前のジュリア・トファーナとの類似点を次のように記述しています。「ババ・アヌイカはかつて、薬草医や『賢婦人』として知られ、警察には無害な存在とみなされていた。警察は彼女が連続して毒殺を行っていた証拠をつかみ、ようやく逮捕した。薬草から抽出した毒を使ったという点で、ヒ素化合物を使ったトファーナやおそらく紀元一世紀にローマで夫に毒を盛った女性毒殺犯、ロクスタとは異なっていた。(中略)強力な警察部隊は、アナのみすぼらしい自宅を夜中に訪れて逮捕した。アナが農民たちから崇拝されており、農民がアナを守ろうとする可能性があったためである」

この記事では、地元の農民たちがアナを守ろうとしていたことが示唆されていますが、一方で、町の人々は彼女が超常的な能力を持っていると信じ、魔女とみなして恐れを抱いていた、と主張する人もいます。アナが作ったエキスの効果は、化学的なものではなくて魔法によるものだという声も上がっていました。その当時の新聞には、「ユーゴスラビアで毒殺計画に関与した老女。裕福な夫の何人かは彼女の親戚によって巧妙に処分された。魔女が農民の女性たちに手渡した『魔法の水』！」との見出しが踊っていました。このようなニュースがSNSで話題になる様子を思い浮かべてみてください。

ババ・アヌイカは、一般的に思い浮かべられる殺人犯の姿とは正反対でした。東ヨーロッパの典型的なおばあさん、といった佇まいの高齢女性で、三角のスカーフをかぶり、顔には笑いじわが深く刻まれていました。一五年の刑を宣告されましたが、高齢のため八年後に釈放されました。自ら調合した滋養強壮薬の効果もあってか、一〇〇歳という高齢になるまで長生きしました。ロクスタ、トファーナ、そしてババ・アヌイカという、毒物に関する豊富な知識を持つ秘密の女性たちに共通項を見出すのは簡単なことです。その知識を利用して、必要とする人たちに毒を提供していたのです。もちろん、それには相応の代償が伴っていました。

ヴィシャカーニャ

古代インドに起源を持つ「毒乙女」を意味するヴィシャカーニャの伝説。選ばれた少女たちは、毒に対する免疫を構築するために小さい頃から長い時間をかけて少しずつ毒薬を摂取して、皇帝のための刺客として訓練されました。伝説によると、ヴィシャカーニャたち自身が毒性を備えるようになり、肌に触れたりキスをしたりするだけで相手を殺すことができるとされていました。彼女たちがいわゆる「ファム・ファタール（男を破滅させる魔性の女）」の原型だと言われています。

古代インドの物語では、自身が有毒な特性を備えていた、若く美しい女性の存在が語られています。これらの女性はヴィシャカーニャと呼ばれていました。これは、サンスクリットで「毒娘」または「毒乙女」という意味です。マウリヤ朝の初代皇帝、チャンドラグプタの秘密兵器として育成されたと言われています。紀元前三〇〇年頃、哲学者であり皇帝の軍師として知られるチャーナキヤは、王朝の統治方法について書いた『アルタ・シャーストラ（実利論）』でヴィシャカーニャに言及しています。

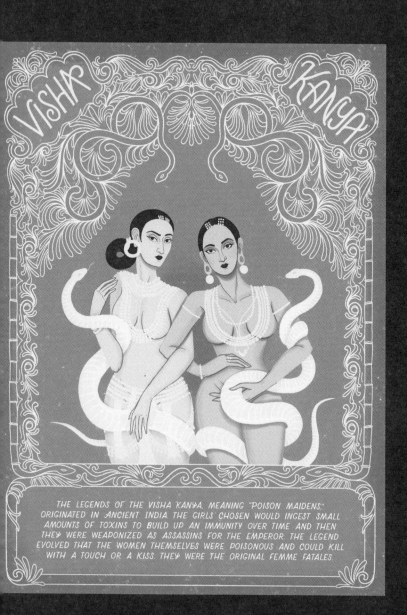

VISHA KANYA

THE LEGENDS OF THE VISHA KANYA, MEANING "POISON MAIDENS," ORIGINATED IN ANCIENT INDIA. THE GIRLS CHOSEN WOULD INGEST SMALL AMOUNTS OF TOXINS TO BUILD UP AN IMMUNITY OVER TIME AND THEN THEY WERE WEAPONIZED AS ASSASSINS FOR THE EMPEROR. THE LEGEND EVOLVED THAT THE WOMEN THEMSELVES WERE POISONOUS AND COULD KILL WITH A TOUCH OR A KISS. THEY WERE THE ORIGINAL FEMME FATALES.

この本の中で彼は、帝国が力と秩序を維持するうえでのスパイや暗殺者の役割について説明しています。目立たないことの多い女性は、優れたスパイになることができ、また美しい女性は、いつでもどこに出入りしても歓迎されると書かれています。

著書*Poison-Damsels and Other Essays in Folklore and Anthropology*（毒乙女とその他の民間伝承・人類学に関するエッセイ）の中でノーマン・ペンザーは、古代サンスクリット文学や戯曲、特に紀元前三二一年頃のマウリヤ朝の成立を描いた『ムドラーラークシャサ』などに見られるヴィシャカーニャに関する記述を詳細に研究しています。このような毒乙女、または「毒を持つ処女」という表現は、古代インドの文献や伝説に登場し、後に中世ヨーロッパへと伝わりました。

占星術に基づいて、少女たちがヴィシャカーニャに選ばれました。伝説によると、この選ばれた少女たちは、幼い頃から毎日少量の複数の毒を飲まされて、長い時間をかけて毒に対する免疫をつけていったと言われています。この技法は、ポントスのミトリダテス六世にちなんで「ミトリダート法」と呼ばれていました（ミトリダテス六世については後述します）。

時を経てヴィシャカーニャの伝説は変化しました。当初、毒への耐性を備えると知られていたヴィシャカーニャたちは、やがて自身の体が強力な毒を持つ存在として語られるようになりました。言い伝えでは、そのような女性から触れられたりキスをされたりするだけで――スキャンダラスな振る舞いをされても、もちろん――男性は毒で死ぬことがあるとされていました。これについては*As. tā* *ṅga Samgraha of Vāgbhaṭa*（アシュターンガ・サングラハ）にも次のように書かれています。「生まれたときから毒に触れ続け、やがて自らも強力な毒を持つ存在となった少女。手を触れたり、息を吹きかけたりするだけで恋人は死ぬ。花は彼女たちの頭に触れるとたちまちしおれ、彼女たちのベッドにいる虫や服についたシラミ、さらには彼女たちと同じ水を使って手や体を洗った者まで、みんな死ぬ。このことを心に留めて、決して近づかないようにしなければならない」

ドミニク・ウジャスティクが編纂した *The Roots of Ayurveda: Selections from Sanskrit Medical Writings*（アーユルヴェーダの起源──サンスクリット医学文献の選集）には、さらに直接的な警告が含まれています。「ヴィシャカーニャに触れられると、その汗に触れて死に、愛を交わした男性はペニスが熟した果実のように茎から崩れ落ちる」などと書かれています。同じ選集には、「毒をもつ処女の伝説が非常に広まっていたため、アリストテレスが自分の弟子であるアレクサンダー大王にインドの王から贈られる豪華な贈り物には注意するよう手紙を書いた」、との記述があります。この手紙を見て、アレクサンダー大王は、以前毒を持つ未婚女性に会って病気になり死にかけたことを思い出したと考えられます。古代美術や彫刻に描かれていることからもわかる通り、ヴィシャカーニャたちは危険性と性的魅力とをはっきりと結びつけて描かれています。ヴィシャカーニャは一般に、裸の胸を露出し、蛇が体や股間に巻きついた姿で、妖艶な様子で表現されています。

ヴィシャカーニャの物語を辿ると、事実と迷信または神話の区別が難しいですが、毒をもつ邪悪な女性の概念とイメージはしっかりと捉えています。美しく危険な女性が男性を誘惑して破滅へと導くという話の原型は、さまざまな文化の民間伝承に登場し、今日でもさまざまな物語の中に残っています（アメリカのコミックが好きなら、バットマンに登場する『ポイズン・アイビー』というキャラクターを思い浮かべるかもしれません）。

女性が誘惑の力を悪や私利私欲のために使う「ファム・ファタール（男を破滅させる魔性の女）」のイメージは、本書に登場する女性毒殺犯の話の多くに見られます。彼女たちは、性別や容姿、そして推測される動機に基づいて、歴史や文化によって評価されてきました。毒乙女、つまりヴィシャカーニャは、女性の魅惑と策略を恐れる父権的な視点の象徴でした。

この章に登場した女性たちは皆、卓越した技術を持った専門家でした。ジュリア・トファーナは、行き場がなくて困っていた女性たちを助けることで長年の職歴を築きま

した。その商いは、ルネサンス期に、暴力を振るう夫との関係から逃げ出す手段を持たなかった女性たちの切実な思いに直接応える方法だったのです。しかし、毒を購入することは、無力な人々や貧しい人々、虐げられた人々だけが頼みとしていたわけではありませんでした。ロクスタやラ・ヴォワザンに助けを求めた貴族らなど、上流階級の人々も毒を必要としていました。こうした女性は、ババ・アヌイカ同様、知恵を持ち、植物学や化学に精通していました。また、ヴィシャカーニャのように訓練を受けて、刺客としての役割を果たしていた者たちもいました。彼女たちは勇敢でした。プロの毒殺は危険を伴う職業であり、多くの毒使いたちが最終的に捕らえられ、重く暴力的な罰が課せられました。

女性実業家、科学者、魔女、そして「混沌の代理人」としての彼女たちは、女性はかくあるべしという既存の規範をぶち壊したことは否定できません。この章に登場した女性たちは、多くの女性がそうできなかった、あるいは許されていなかった時代に、自分で事業を経営

し、自分の手で収入を得て、自分のスキルで生計を立てていました。その手段は効果的で、実によく研究されており、最高の科学実験と同じように再現可能でした。顧客たちは絶対の信頼を寄せており、一方で彼女たちも顧客の秘密厳守と慎重な行動を信頼していました。

しかし、毒を使おうとしている人が皆、専門の暗殺者に助けを求めたわけではありません。なかには、たとえそれより面倒だとしても、自分の手で問題を解決することを選んだ女性もいました。

She
nourishes
the
poison
in her
veins
and is
consumed
by a
secret
fire
—VIRGIL

第2章 逃避と反抗

彼女は血の中に毒を養い、秘めたる火に焼かれている。

——ウェルギリウスの叙事詩『アエネーイス』より

危険な状況や絶望的な状況に囚われた女性たちにとって、毒は思いがけない希望の光であり、自由への道筋でした。*Women Criminals: An Encyclopedia of People and Issues*（女性犯罪者——人と事件の百科事典）の序説で、共編者のヴィッキー・ジェンセンとクリスティアン・M・クーリは、報告されている殺人犯のうち、女性が占める割合は一〇パーセント未満だと述べています。彼らによれば、女性が犯した殺人の多くは、家庭内の暴力に対する正当防衛であるようだ、ということです。これは、ジュリア・トファーナとババ・アヌイカならば身に覚えのある状況です。

詳しい状況は各地で異なるものの、これまでの世界社会の構造では、女性の権利が制限され、男性に権力が集中するという傾向が続いてきました。このような状況によって、女性がほとんど行動の自由を許されない状態が生まれ、家庭内暴力や虐待が、（主に男性によって占められる）権力者層によってしばしば容認され、見逃されてきました。このような不条理な環境が、一部の女性たちを法の枠を超えた報復へと向かわせることになったのです。

スーザン・ブルックス・シスルスウェイトの著書*Women's Bodies as Battlefield: Christian Theology and the Global War on Women*（戦場としての女性の身体――キリスト教神学と女性に対する世界的な戦争）を読むと、歴史の大部分において、法によって保護されるのは男性だけだったことがよくわかります。例えば、古代ローマでは、夫は妻に暴力を振るうことが懲罰法で認められていました。中世には、一般的な神学の教えにも、夫は妻を「更生のために厳しく叱りつけたり、体罰を与えたりしても良い」と記されていたのです。

この章に登場する女性たちは、逃避や反抗の手段として毒を使いました。希望がまったく見えない状況で、毒は一筋の光となり、より良い人生を送るためのチャンスだったのです。誰にも話を聞いてもらえない閉塞感の中、毒は彼女たちに大きなはっきりとした声で語りかけてきました。「女たちにどうしても他の選択肢を認めようとしない体制なんどくそくらえ！」。毒は彼女たちが自分自身を取り戻す手助けとなる一方、死者を出すことにもなりました。彼女たちにとって、毒は力を得るための武器だったのでしょうか、それとも悪質な殺人の凶器にすぎなかったのでしょうか。

　自分たちが生きていた社会にもし他の手段があったとしても、彼女たちは殺害を実行したでしょうか？　暴力的な配偶者との離婚、「毒々しい」（と表現することをお許しください）関係からの脱却、あるいは自分のための貯金が可能だったとしたら、どうだったでしょう？　この章では、奴隷の身分の女性から王族まで、さまざまな経済状況、社会階級の女性たちが登場します。どの階級であっても共通するのは、女性が自身の環境や境遇に閉じ込められていた事実です。女性たちが毒

という手段に頼ったのは、どうしても耐えがたい状況から逃れ、自分の声を聞いてもらうためでした。ひとたび彼女たちが「いっそのこと問題を払いのけてしまおう」という気になったとき、その目的達成のために簡単に実行できる手段として、毒以上に魅力的なものはなかったのです。

ナジレヴのエンジェル・メーカー

一九〇〇年代初頭、ハンガリーの農村部にある小さな村ナジレヴで毒殺事件が多発しました。暴力的な夫たちの虐待から逃れようとしていた村の女性たちに、助産師ズザンナ・ファゼカスが「解決策」としてヒ素を密かに手渡していたのです。殺人だと確定したのは四〇人。しかし、実際にはもっと多くの人が毒殺されていた可能性があります。

二〇世紀初頭、ハンガリー中央部の小さな村が大規模な毒殺事件の舞台となりました。信じられないことに、事件の中心となったのは中高年の農民女性です。裁判の写真を見ると、彼女たちはみな一

ANGEL MAKERS OF NAGYRÉV
IN THE EARLY 1900S, A SMALL VILLAGE IN RURAL HUNGARY BECAME THE SITE OF A POISONING EPIDEMIC. THE WOMEN OF THE VILLAGE SOUGHT TO ESCAPE FROM THE ABUSE OF THEIR VIOLENT HUSBANDS. A MIDWIFE OFFERED THEM A SOLUTION AND ARSENIC. FORTY MURDERS WERE CONFIRMED, BUT THERE MAY HAVE BEEN MORE.

様に黒い服で身を包んでおり、顔にはスカーフを巻き、暗く沈んだ表情をしています。まるでゴシックな雰囲気のマトリョーシカのように、暗く沈んだ雰囲気です。彼女たちは「ナジレヴのエンジェル・メーカー」と呼ばれるようになりました。その罪状は、酒宴で夫や地元の親戚女性をヒ素で殺害したというもの。一連の事件は二〇年近くも続き、少なくとも四〇人が犠牲になったとされていますが、情報筋によると、実際の被害者数は三〇〇人近くにのぼったのではないかとも言われています。正確には何人毒殺したのか知る由もありませんが、この大規模な事件が発生した背景についてはいくつかの事実が明らかになっています。

ナジレヴは暮らしやすい場所ではありませんでした。へんぴな村には医者もおらず、農民たちはかつかつの生活を余儀なくされています。結婚はお見合いが当たり前で「離婚など言語道断」という、典型的な地域社会です。男たちの多くはアルコール依存症で、日ごろの溜まったうっ憤を妻や子どもにぶちまけて暴力を振るうことも日常茶飯事でした。女たちは子どもや老いた親、配偶者の親の面倒を見るのが当たり前とされ、貧困、家族の世話という重荷、夫の暴力、そして絶望が重なって、ナジレヴの女たちの不満は募る一方だったのです。

熟練の治療師で助産師のズザンナ・ファゼカスは、ナジレヴの村に着いたとき大歓迎を受けました。村には医療の専門家が一人もいなかったからです。彼女は村の他の女性たちとはまるで異なっていました。離婚歴があり、パイプを吸い、地元の酒場で男たちと酒を飲み、ヒ素をポケットに入れて持ち歩いてはそれを見せびらかすと言われていました。村の女性たちから好かれていて、さらに重要なことに、信頼されていました。「ズジーおばさん」（愛情をこめてそう呼ばれていました）は患者の経済状況に合わせて請求額を変え、食料品での支払いを受け付けることもありました。妊娠中絶の施術を行って九回逮捕されましたが、毎回裁判官から同情され、釈放されていました。

一九一四年に第一次世界大戦が勃発すると、ナジレヴの女性たちの人生に思いがけない変化が訪れます。男たちがオーストリア＝ハンガリー帝国の一員として戦争に駆り出されたため、夫や父親がほ

とんど家にいないなか、彼女たちは初めてお金の工面、家族の世話、日々の暮らしを自ら切り盛りする必要に迫られたのです。子どもや高齢の家族や親戚たちの世話をしながら、農業を営み生計を立てるのは大変なことでしたが、新たに得た自由により彼女たちは勇気づけられました。やがて戦地から帰国した男たちは、妻たちが以前の暮らしに戻りたがっていないことに気づくことになったのです。

毒殺事件の始まりは、隣人に同情したり、助産師に秘密を打ち明けたりしていた女同士のひそひそ話からでした。彼女たちは、厄介なイエバエを駆除するためのハエ取り紙を水に浸して沸騰させると、ハエ取り紙に含まれるヒ素が鍋の水の表面に浮かび上がり、それをすくい取って小さな瓶に保存できることを発見します。ヒ素を主に販売していたのはズザンナ・ファゼカスでした。女性たちが夫への不満を口にするのを聞き、ズザンナは「どうしてそんな夫に我慢するの?」と聞いたと言われています。

いつしか、ナジレヴでは男たちがハエのようにポトリ、ポトリと命を落とすようになりました。「エンジェル・メーカー」の一人だったロザリア・タカチは法廷で「アルコール依存症の獣」だった夫を毒殺したことを認めました。また、友人サーラ・ベケが夫に暴力を振るわれていると聞くと、「この薬を少しずつ飲ませればいい」と言って小瓶を渡し、サーラの夫が三日後に死亡した事件にも手を貸しました。ロザリアは他にもいくつかの毒殺事件に関与しており、その中には、妻と子どもを脅していた、隣人であるアルコール依存症の退役軍人の殺害も含まれていました。

小さな村ではよくあることですが、誰もが全員と顔見知りであり、特に近隣に住む人たちと助け合いたいという気持ちを強く持っていました。その一人である高齢女性ユリアナ・リプカは、酒癖の悪い暴力夫のことを恐れていたマーリア・コテレシュのために毒を入手する手助けをし、夫のブランデーにこっそり入れるようにとヒ素を手渡しました。ちなみに夫が亡くなった後、マーリアは夫の親友だった男性と親しくなったと言われています。親切で隣人思いだったがゆえに、ユリアナはマーリア・パーパイの夫ラヨシュを亡き者にする手助けをするなど、少なくとも六件の毒殺事件に関与したとされています。マーリアの事件では「夫ラヨシュが彼女を鎖で殴っていた」という証言もありました。しかし、毒を盛っても夫は病気になるだけで死ななかったため、マーリアは最後にズザンナに助けを求めたのです。法廷に立った彼女は「自分が悪いとはまったく思っていません。夫は私を虐待し、苦しめた悪党でした。今は夫が亡くなり、平和に暮らしています」と証言。女性たちの多くは、自分たちは殺人者ではなく、生き延びるために必要なことをしただけだと信じていました。

ナジレヴのエンジェル・メーカーの犠牲になったのは夫たちだけではありません。毒入りスープを飲まされたことが判明した親戚もいました。介護が重荷になりすぎて、世話をしていた家族が高齢の親や義理の親を手にかけることもあったのです。そのうちに、毒殺は徐々にエスカレートしていきました。始めは暴力を振るわれている状況から抜け出すためのやむを得ない手段だったはずなのですが、命の危険がない状況でも簡単に使われる解決策となってしまったのです。

一九二九年六月、地元新聞「ソルノク・ガゼット」に、ナジレヴの女性たちが何十年かにわたって殺人を犯し、逃げていたことを告発する内容の匿名の手紙が掲載されます。前に同様の手紙を受け取っても真剣に取り合わず、無視していた新聞社や当局も、この手紙が掲載されたことでようやく重い腰を上げ、調査が開始されました。

早い段階から疑いの目はズザンナ・ファゼカスに向けられていました。数日間尋問された後に釈放されると、ズザンナはすぐさま毒殺事件に関与した女性たちの家を訪ね歩きました。裁判の弁護士費用を賄うためにお金が必要だったためです。ところが、それまで女たちの出産を手助けし、必要ならば違法な中絶にも手を貸し、相談に乗り、必要なときに手を差し伸べていたズザンナに対し、彼女たちは冷たく背を向けました。みな警察による捜査に巻き込まれることを恐れたためです。

翌朝、警察が自宅に向かっているのを見て、これまで他人を殺めるのに簡単にヒ素を使っていたズザンナは、自分の作った毒を飲みました。ズザンナは警察が病院に搬送する前に死亡し、多くの秘密を墓場まで持っていくことに。これを機に住民たちは互いに背を向け始め、結局三五人が起訴されましたが、そのうち一人を除いて全員が女性でした。残念ながら、そのうち女性二人が刑務所内でスカーフを使い、首を吊って死亡しました。その後、警察が墓地から五〇人の遺体を掘り出しヒ素の検査を行ったところ、そのうち四〇人ほどの遺体にヒ素が含まれていることが判明したのです。

ベーラ・ボドーは著書*Tiszazug: A Social History of a Murder Epidemic*（ティザズグ——殺人流行の社会史）の

中で、ナジレヴでの殺人と裁判にまつわる社会的・文化的状況について調べ、地方の新聞が、動物同然の扱いを受けていた農村部の農民女性たちの姿をどう描いていたかを詳しく説明しています。彼によると、中流階級の法廷の傍聴人やジャーナリストたちは、粗野で教養のない女性たちに対して優越感を持っているように見えました。傍観者たちは野次を飛ばし、可能な限り厳しい判決となることを望みました。そして農民女性たちの貧困、虐待、絶望に目を向けることなく、毒殺という利己的で残酷な事件を非難していたというのです。エンジェル・メーカーたちは、暴力夫からは逃れられたかもしれませんが、罪を許すことのない大衆からは逃れられませんでした。たった一人だけ、ある思慮深いジャーナリストが次のように書いていました。「被告人たちはさぞ鉄面皮の悪党に違いないと思って傍聴に臨んだが（中略）まったく予想に反していた。裁判の席に座っていたのは魔女、悪魔、狡猾な殺人犯のイメージからは程遠い、人に優しく、貧しく、老いた、傷ついた女性たちだった。裁判は何もかも無駄だったと言わざるを得ない。何しろ世間も被告人たちに大きな反感を持っていたのだから」

毒殺と疑われた事件の多くは数年前あるいは数十年前に起こっていたため、立証が困難でした。女性たちの中には、証拠不十分で無罪となった者もいました。七人の女性が毒殺に関与したとして死刑判決を受け、さらに別の六人が重い実刑判決を受けました。最高裁が再度見直したところ、死刑判決を受けた七人のうち、刑が執行されたのは四人だけでした。裁判の後、女性たちは裁判所の外に集まり、葬儀の時のような不気味で甲高い泣き声を上げていたということです。

ナジレヴで起きた事件は異常だったのでしょうか？　殺人鬼の主婦であふれかえる奇妙な町だったのでしょうか？　いいえ、そうではありません。しかし、完璧な毒入りパプリカチキンを作るのに必要な材料はすべてそろっていました。この話とその登場人物は、人間の苦悩に焦点が当てられています。人は極限まで追い詰められると、究極の方法に訴えるしかないと感じることがあるのです。

サリー・バセット

サリー・バセットは、一八世紀バミューダで奴隷にされた女性。彼女は孫娘に、自分を奴隷として使っていた人物に盛るための毒を渡したと伝えられています。サリーは捕らえられ、白人男性しかいない陪審によって有罪となり、火あぶりの刑を宣告されました。バミューダの伝説では、彼女の灰がまかれた場所から小さな紫色の花が咲いたということです。

Sally Bassett
SALLY BASSETT WAS AN ENSLAVED WOMAN IN BERMUDA DURING THE EIGHTEENTH CENTURY. SHE ALLEGEDLY GAVE HER GRANDDAUGHTER POISON TO USE AGAINST HER ENSLAVERS. SALLY WAS ARRESTED AND FOUND GUILTY BY A JURY OF ALL WHITE MEN AND SENTENCED TO BURN AT THE STAKE. BERMUDIAN LEGEND IS THAT SMALL PURPLE FLOWERS EMERGED FROM HER ASHES.

ナジレヴのエンジェル・メーカーに先立つこと約三〇〇年前、バミューダのある女性が、抑圧者に対抗する手段として毒の威力に気づきました。折しも一八世紀のカリブ海諸国では、裕福な白人農園主の間で毒物騒ぎが持ち上がっていました。彼らが疑惑の目を向けたのは、かねてから不信感を抱いていた、代々奴隷として仕えてきたアフリカ系住民たちです。こうした毒殺騒動が現実のものなのか、それとも想像上のものなのかは定かではありませんが、ある上流階級の人物が病に倒れ、急逝したのをきっかけに、白人農園主たちの被害妄想は頂点に達することになります。当時はこういった場合、身代わりが立てられ、その人物が告発され、暴力的な処罰を受けるのが一般的でした。白人農園主の館に住み込む奴隷たちにとって、彼らの飲食物の材料に手を加えるのは簡単です。奴隷としてこき使われる苦悩から「復讐してやる」という強い動機を持つのも、同じように簡単なことだったのです。

西半球の島国の植民地では、奴隷にされた女性の多くが熟練した治療師でした。彼らは西アフリカや中央アフリカの伝統から医学の知識を得ていて、それを互いに教え合っていました。しかし、根拠のない疑いをかけられかねないと、こうした知識を持つことに不安を抱く者もいました。この時期のバミューダ人の恐怖と不安は、毒殺の咎で告発された奴隷女性サラ・バセット（別名サリー）のストーリーによく表れています。

サリーは、この時期に毒殺で告発された数多くの奴隷（ほとんどが女性）の一人でした。キャスリーン・クロウサーの論文 *Sarah Bassett and Enslaved Women Poisoners in the Early Modern Caribbean*（毒と抗議

――近世カリブ海におけるサラ・バセットと奴隷にされた女性毒殺犯)という論文によると、奴隷となった人々が毒殺の嫌疑をかけられることはよくあることで、その結果、奴隷たちが毒物を入手したり使用したりすることを禁止する法律が制定されたといいます。

強制的に奴隷にされた人々に対して、主人がどれほど酷いしうちをしたか、ここで改めて説明する必要はないでしょう。何百万人もの人々が隷属させられ、人間らしい生活を奪われて所有物として扱われ、こきつかわれ、搾取されていました。彼らの命も、子どもも、自らの体さえも彼ら自身のものではなかったのです。彼らに対する虐待や暴力は蔓延し、法律でも認められていたため、どうあがいても過酷な現実から抜け出すことはできませんでした。

今日では、サリーを「奴隷制の不合理に立ち向かった英雄」「自由の戦士」とみなす人も数多くいますし、彼女が冤罪であったと考える人もいれば、有罪が確定した犯罪者にすぎないと考える人もいます。サリーはまた、白人の奴隷たちにとっても不快感を抱かせる存在だったと言っていいでしょう。年上で、女性で、混血で、奴隷であるうえ、その治療技術は医学、呪術、毒と結び付けて考えられ、脅威とみなされていたはずです。彼女の伝説は今でもバミューダの民間伝承に深い影響を与え、人種間の緊張の火種となっています。

サリーが生きた時代、バミューダはイギリスの植民地でした(現在はイギリスの自治領)。サリーの出生に関する記録はなく、彼女に関する個人情報も限られていて、わかっているのは、彼女がフランシス・ディキンソンという鍛冶屋の奴隷だったということです。ディキンソンが一七二六年頃に亡くなると、サリーは「財産」の一部として彼の子どもたちに相続されました。

この時点でサリーは六〇代。高齢ゆえ、農園主からは利用価値が低いとみなされていたにもかかわらず、治療師の仕事を続けることを許されています。

一七一二年、サリーは初めて法に触れる行為をします。白人が所有していた家畜に毒を盛った罪で有罪となり、一〇〇回以上の公開鞭打ち刑を言い渡されました。このような残酷な罰は、彼女の身体と精神に深く、辛い傷跡を残したに違いありません。その数年後、今度はサリーの孫娘ベックがフォスターという一家の奴隷になりました。のちのサリーの自白によれば、一七二九年のクリスマス前のある日、彼女は孫娘ベックに赤い粉が入った袋と白い粉が入った袋の二種類の毒袋を渡し、「一つは台所の近くに置いて主人たちが吸い込むように、もう一つは食べ物に振りかけるように」と明確に指示したとされています。

フォスター家の人々はたちまち重篤な病に陥りました。サリーがなぜ彼らを毒殺しようとしたの

か、正確な動機は不明のままです。「フォスター家の者たちがベックにした残酷な仕打ちへの報復だったのではないか」と考える人たちもいれば、「ずっと抑圧され搾取されてきた体制に対して積年の恨みを募らせたサリーが、孫娘を通じて復讐を図ったのだ」という説もあります。

フォスター家全員が病気になり、一人だけ病気にならなかった事実を指摘され、ベックは逮捕されました。彼女は祖母から毒をもらったこと、その毒には殺鼠剤のラッツベイン（三酸化ヒ素）、マンチニール（有毒熱帯植物）、そして「白いヒキガエル」が含まれていたと証言しています。ただし、サラがベックに毒を渡したのは、孫娘がいざというときに身を守るためだったと思われます。興味深いことに、有毒な皮膚毒を持つ白いヒキガエルはバミューダ原産ではありません。クラレンス・マクスウェルは *Horrid Villainy': Sarah Bassett and the Poisoning Conspiracies in Bermuda, 1727–30*（恐ろしい悪意――サラ・バセットとバミューダにおける毒殺陰謀、一七二七－三〇年）という論文で、サリーが有毒なヒキガエルが生息する西アフリカや南米を旅していた奴隷の黒人船乗りの誰かに、この稀有な原料を入手するよう頼んだのではないかという説を唱えています。

サリーの裁判では白人市民十人が彼女に不利な証言をし、「毒殺未遂だけでなく悪魔とも共謀している」と告発されました。まるでヨーロッパの魔女狩りのような言い回しですが、裁判の間中ずっと使われ続けました。白人のみで構成された陪審員一二人はサラを有罪とし、「彼女の価値は一ポンド四シリング六ペンスである」と述べ、裁判官は彼女に火あぶりの刑を命じたのです。一八世紀にはもはや一般的な処刑方法ではなかったにもかかわらず、サリーが火あぶりになったのは、「悪魔と結託した彼女を許さない」という裁判所の総意を世に知らしめるためでした。一方でベックは疑いが晴れて無罪となりました。

一七三〇年、サリーは公開処刑されます。六八歳でした。その日、クロウ・レーンの公開処刑場に連れていかれる途中、彼女が集まった野次馬たちに放った「皆さん、急ぐことはないよ。私があそこに着くまでは面白いことは何もないから」という一言は、今でもバミューダの有名な伝承の一部となっています。

処刑の日がうだるような暑さだったことから「It's a real Sally Bassett day（今日は本当にサリー・バセットの日だ）」という言葉まで生まれました。なお、今でもバミューダの人々は非常に暑い日があると「今日は本当にサリー・バセットの日だ」という慣用句を用いています。伝説では、彼女の遺灰からバーミューダナという紫の花が咲いたとも言われており、この花は現在バミューダの象徴とみなされているのです。

二〇〇八年、バミューダ政府はサリーのブロンズ像「スピリット・オブ・フリーダム（自由の魂）」を設置しました。地元アーティストによって作られた、奴隷にされたサリーに捧げられたバミューダ初の記念碑です。高さ約三メートルの彫刻は、杭に縛られ、火の上に足をかけ、視線を空に向けているサリーの姿を表現しています。現在では、サリーと彼女の毒殺のニュースが、西インド諸島の奴隷たちの反乱を促したのではないかと考える歴史家もいます。

サリーは奴隷制度から逃れることはできませんでしたが、奴隷所有者に対して抗うことはできました。公開鞭打ちに耐え、おまえには価値がないと言われ続け、抑圧の連続とも言える人生を送ってきたあげく、今度は孫娘が同じ残酷な仕打ちに苦しむのを目の当たりにしたサリー。しかし、彼女は内なる力を秘めていました。捕らえられて罰せられるかもしれない危険は承知のうえで、それでもあえてリスクを冒したのです。

クレオパトラ

エジプト最後のファラオ、クレオパトラほどの象徴的な地位に登り詰めた者はほとんどいません。敵が迫る中、クレオパトラはローマ人に捕らえられて屈辱を受けるよりも自ら命を絶つことを選んだのです。長く語り継がれてきた物語では、有毒な蛇に噛まれて亡くなったとされていますが、一部の学者は毒を飲んで死んだ可能性が高いと考えています。

サリー・バセットはバミューダ以外ではほとんど知られていませんが、権威に逆らうために毒を使った、歴史上有名な女性がもう一人います。その女性の名はクレオパトラ。死後二〇〇〇年以上経った今でも、彼女の伝説は色褪せない輝きを放ち、いまだに人々を魅了し続けています。彼女は、圧倒的な美しさでローマ帝国の二人の権力者を巧みに誘惑し、その運命を翻弄した女性として私たちの想像の中で生き続けているのです(全盛期のエリザベス・テイラーが演じた映画のなかの、青いアイシャドウとタイトなゴールドの衣装を身にまとったクレオパトラの姿は今なお、私たちの瞼の裏に焼きついています)。クレ

CLEOPATRA

FEW HAVE ASCENDED TO THE ICONIC STATUS HELD BY CLEOPATRA, EGYPT'S FINAL PHARAOH. WHEN HER ENEMIES WERE CLOSING IN, SHE CHOSE TO TAKE HER OWN LIFE RATHER THAN BE CAPTURED AND HUMILIATED BY THE ROMANS. WHILE THE ENDURING STORY IS THAT SHE DIED BY VENOMOUS SNAKEBITE, SOME SCHOLARS BELIEVE THAT IT WAS MORE LIKELY THAT SHE DRANK POISON.

オパトラの人生、とりわけ毒蛇に胸を噛まれて死んだという話は、数え切れないほどの芸術家、詩人、劇作家、その他の創造的な仕事をする人たちのインスピレーションを刺激してきました。しかし、そのようなイメージは芸術に活かされることはあるかもしれませんが、実際には考えにくいことです。現代の歴史家の多くは、蛇に噛まれたという説はあまり信憑性がなく、彼女の死因は毒殺であった可能性が高いと指摘しています。

クレオパトラの生涯にまつわるストーリーの多くは、死後長い年月を経て、ときには数百年も経ってから、彼女を好ましく思っていなかったギリシャやローマの男性たちによって書かれたものであることは覚えておく必要があります。物語に手を加える機会があった彼らは、ローマの男性像を肯定的に描く一方で、東方の影響力のある女王を「邪悪な誘惑者」として描いたのです。今日親しまれているクレオパトラは、プルタルコス、カッシウス・ディオ、スエトニウス、大プリニウスといった歴史家によって悪役として描かれたものでした。

三〇〇年近くにわたって国を統治したプトレマイオス朝のエジプトの最後の女王であるクレオパトラは、エジプト人ではなくマケドニア系ギリシャ人の血を引いていました。ステイシー・シフによる伝記『*Cleopatra:A Life*（邦訳『クレオパトラ』、仁木めぐみ訳）』に、彼女は「政治、外交、統治に秀でたしたたかな女性。九か国語を操り、雄弁でカリスマ的な存在である。しかし、彼女のイメージはローマのプロパガンダとハリウッドの描写の両方から影響を受けている」と書かれています。王室内の権力を維持するために、王家では、きょうだいを含め、親族同士で結婚することも、また確実に王位につくためにきょうだいを殺すことも珍しくないことでした。そんな家族が夕食を共にするなんて、想像するだけで恐ろしいですよね！

紀元前五一年に父親が亡くなった後、クレオパトラと弟のプトレマイオス一三世は結婚し、共同統治者として国を治めることになりました。クレオパトラは一八歳、弟はまだ一〇歳という異例の状況でした。しかも国をどう導くかで姉と弟は意見が対立していました。また、当時女性の統治者には男性の配偶者がいるのが通例でしたが、クレオパトラは自分一人で国を治めたいと考えていたのです。

姉弟は争って内乱状態に陥り、ローマからユリウス・カエサルが訪れたのはちょうど、クレオパトラがプトレマイオス一三世からシリアに追放されているときでした。伝説によるとクレオパトラはアレクサンドリアの自分の宮殿に密かに戻り、丸めたカーペットの中に隠れてカエサルの部屋に直接運び込ませたということです。プルタルコスによると、大麻か革の袋の中に入れられたといいます。彼女は女を武器に手練手管でカエサルを巧みに誘惑したと伝えられていますが、もしかすると、カリスマ性、知性、魅力で印象付けることに成功したのかもしれません。男性がやれば「戦略」と呼ばれることも、女性がやれば「策略」と呼ばれます。

クレオパトラはローマの盟友、カエサルと恋愛関係になり、その子どもを宿すことで政治的な影響力を持つようになっていきました。彼女はその男の子を「カエサリオン」（またの名を「小カエサル」）と名付けました。カエサルはクレオパトラの強力な味方となり、プトレマイオス一三世に対して宣戦布告し勝利しました。彼女は弟がナイル川で溺れる様子を眺めていたと言われています。その後、彼女は別の弟であるプトレマイオス一四世と共同統治者に任命されましたが、単独でエジプトを統治するために紀元前四四年に彼を毒殺しました。その結果、三歳の息子が共同統治者として扱われることになりました。

同年カエサルはローマ元老院によって暗殺され、次の指揮官になるのはカエサルの側近だったマルクス・アントニヌスだろうと予想されていました。しかし、カエサルは遺言書で、甥のオクタヴィアヌスを正式な後継者に指名していたため、カエサルの権力の座を狙う二人の間で緊張が高まりました。最終的には、アントニヌスがエジプトを含む帝国の東方領域を監督することで合意し、アントニヌスはクレオパトラを招き、ここから歴史上最も壮大な愛の物語が始まることになったのです。クレオパトラとアントニヌスは三人の子どもをもうけます。最初は男女の双子で、その後、男の子がもう一人生まれました。

すべてが黄金のように輝かしい日々が続き、クレオパトラとアントニヌスは自分たちの子どもたちが帝国を受け継いでくれることを夢見ていました。しかし、オクタヴィアヌスが立て続けに軍事的成功を収めると、アントニヌスへの復讐心をさらに深めていきました。オクタヴィアヌスはアントニヌスが東方を治めている間に堕落し、クレオパトラに盲目になっていると責め立てました。さらにオクタヴィアヌスは国民の恐怖心を煽り、アントニヌスがローマをエジプトの支配下に置くだろうと警告しました。その言葉に大きく影響され、元老院はアントニヌスからすべての権力を剥奪。オクタヴィアヌスはクレオパトラと外国人嫌悪(クレオパトラの出自に対する嫌悪)を口実に、宿敵アントニヌスに対する戦争を仕掛けました。この対立はアクティウムの戦いで頂点に達し、アントニヌスの兵士たちは彼を見限り、オクタヴィアヌスの側に寝返りました。この時点で、クレオパトラとアントニヌスは敗色濃厚になったのです。

クレオパトラは侍女カルミアンと髪結いのイラスを連れて(彼女にとって身だしなみの優先度が高かったからでしょう)戦線から逃亡し、自分が亡くなったときのために建てていた二階建ての大きな霊廟に避難しました。アントニヌスはクレオパトラが死んだという噂を聞き、剣で自分の腹を刺しました。これは、ローマの指揮官にとって高潔な最期とみなされていました。しかし彼はすぐには死なず、大量に出血した状態でクレオパトラのもとに運ばれました。アントニヌスは最後に「ワインをもらえないか」と女性たちに頼んだといいます(彼にとってワインの優先度も高かったからでしょう)。そして、クレオパトラの腕の中で息絶えたということです。

アントニヌスの死後、クレオパトラはオクタヴィアヌスと交渉しようとします。彼女が一番望んでいたのは、子どもたちを守り、プトレマイオスの血統を守ることでした。一方のオクタヴィアヌスはクレオパトラに快適に、幸せに生きていて欲しいと望んでいました。敗北したエジプトの女王を祖国に連れ帰ることこそが重要だったのです。だから、アントニヌスを彼女の希望通りに葬ることも許しました。しかし、クレオパトラには、ローマの街中で捕虜として晒されるのだということがわかっていたのでしょう。それは彼女にとって死よりも耐えがたい屈辱でした。そこでクレオパトラは、オクタヴィアヌスに宛てた手紙の中で、最後のお願いを聞いて欲しい、どうか愛する人の隣に葬って欲しいと訴えます。オクタヴィアヌスはこれを読むと、クレオパトラが何をしようとしているのか即座に理解し、霊廟に駆けつけました。

いまでも(シェイクスピアのおかげで)伝説として語り継がれているのは、彼女が抱えていたイチジクのかごの中に、エジプトコブラという種類の毒蛇が隠されていたという話です。クレオパトラはその後、針が胸に刺さるようにして毒蛇を抱きかかえ、自らの命を絶ったと伝えられています。オクタヴィアヌスの兵士たちが駆けつけたときには、クレオパトラは金の寝台に横たわり、王族の装いを纏って安らかな様子で息を引き取っていました。その傍らでは侍女たちも息絶えようとしているところでした。

プルタルコスによれば、クレオパトラは毒の専門家で、毒や毒のある動物を詳細に研究し、その効果を記録していたというのです。

さらにプルタルコスによると、クレオパトラは囚人たちに対して毒物の実験を行い、どの毒物が最

も苦痛を伴う死をもたらすか、そしてどの毒物が最も苦しまない死をもたらすかを調べていたそうです。しかし、もしこの話が本当ならば、彼女は毒蛇に噛まれて死ぬという方法は選ばなかったでしょう。毒による死は最悪の選択肢の一つだからです。毒は痙攣、麻痺、苦痛による顔の歪み、さらには腫れ、嘔吐、下痢を引き起こすことがよくあり、決して美しい死に方ではありません。オクタヴィアヌスが見たという女王の穏やかな姿とはまるで正反対です。

また、蛇に噛まれても必ず死ぬというわけではありません。クレオパトラは、極めて注意深い性格だったので、このような重大なことを偶然に任せることはできなかったでしょう。毒蛇による死という説には他にも多くの疑問があります。フランソワ・レティエフとルイーズ・シリエは「クレオパトラの死」という論文において、「これほど短時間で大人三人を死に至らしめるには、よほど大きな蛇か、そうでなければ一匹でなくもっと多くの蛇が必要だったはずだ。これはイチジクのかごの話とは一致しない」という見解を示しています。エジプトコブラというのはエジプト人にとって王族の象徴であったため、実際に選んだというよりは、文学的な効果を盛り上げるための演出だったと考えるほうが理にかなっています。

クレオパトラとその侍女たちは、ドクニンジン、トリカブト、アヘンを含む毒入りカクテルを飲んだ可能性の方がはるかに高いのではないかと考えられています。それならば、毒の回るスピードが非常に速かったこと、三人の女性が全員死亡したこと、蛇に噛まれた痕跡が遺体に残っていなかったことも説明がつきます。また、クレオパトラが毒入りのヘアピンで自分を刺したとか、毒入りの軟膏を肌に塗ったという説もありますが、本当のところはどうだったのか、知る由もないでしょう。

亡くなったとき、クレオパトラは三九歳。実に二二年間もエジプトを統治し、国民からは女王であり女神だとみなされる存在でした。

実際、クレオパトラは辣腕の政治家であり、国と王朝一族の繁栄のために心血を注いだうえに、当時最も有力な二人の男性を恋人に持ち、彼らとの間に四人の子をもうけました。長男は殺害され、他の二人は歴史の表舞台から姿を消しましたが、クレオパトラには娘がおり、その娘も王と結婚して三五歳で亡くなるまで王と共に国を統治しました。しかし、クレオパトラ自身がエジプト最後のファラオとなるはずだったのです。ところが帝国の征服者に仕えた男たちによって書かれたせいで、有能な指導者であったクレオパトラの物語は、堕落した「娼婦の女王」に変えられてしまったのでした。

クレオパトラの最後の行動は、彼女の反抗心と強い意志を反映したものでした。彼女は本書に登場する人々の中で唯一、毒を使って自ら命を絶った女性です。その行為を美化するのではなく、彼女のストーリーと、なぜ彼女がそのような暗い選択をしたのかを知ることが重要と言えるでしょう。クレオパトラはオクタヴィアヌスに捕らえられることを拒絶しました。オクタヴィアヌスは彼女を辱めるために、金色の檻に入れてローマ中を行進するつもりだったのです。クレオパトラは、迫り来る敗北から逃れ、自分の意志で事態を収拾するために毒に頼ったのです。

マリー・ラファルジュ

一八三九年、フランスでシャルル・ラファルジュと結婚したとき、マリーは上流社会の一員になることを期待していました。まさか彼が自分の保有する財産について嘘をついていたとは思いもしなかったのです。シャルルが急死したとき、マリーは彼を毒殺したのではないかと疑われました。彼女の罪は当時の法医毒物学の新たな進歩によって証明されました。

歴史上、多くの毒殺犯が卑劣な罪を犯しても捕まらなかった理由として「自然死ではなく毒殺だと証明するのが非常に難しい」という点があげられます。犯罪を企む者はこれを利用したため、当時ヒ素が最もよく使われる毒となりました。一九世紀には、ヒ素は「毒の王様」と呼ばれ、ひそかに重宝がられていました。本書では女性の毒殺犯を扱っているので「毒の女王」と呼ぶことにしましょう。法医学は悪意のある犯罪者に追いつかなければなりませんでした。有罪判決を受けた毒殺犯マリー・ラファルジュについて語る前に、彼女が有罪となるきっかけとなった当時の科学についてお話ししま

Marie Lafarge
ML
WHEN MARIE WED CHARLES LAFARGE IN FRANCE IN 1839 SHE EXPECTED TO TAKE HER PLACE IN HIGH SOCIETY. SHE DID NOT EXPECT THAT HE HAD LIED ABOUT HIS WEALTH. WHEN CHARLES DIED SUDDENLY, MARIE WAS SUSPECTED OF POISONING HIM. HER GUILT WAS PROVEN BY NEW ADVANCEMENTS AT THE TIME IN FORENSIC TOXICOLOGY.

しょう。

一八三二年、イギリスの化学者ジェームズ・マーシュは、ジョン・ボドル殺人事件の裁判の鑑定人として召喚されました。ボドルは家族のコーヒーにヒ素を混ぜ、裕福だった祖父を殺害したとして告発されていました。祖父はケチな人物として周囲の人から嫌われていたようです。マーシュは、ボドルの祖父の遺体の組織からヒ素を検出するという、当時の標準的な試験を行いました。実際にヒ素が検出されると、化学反応によって黄色い残留物として現れるはずでした。マーシュは自分の目で黄色の残留物が生成されるのを確認したため、ヒ素が検出されたと法廷で証言しました。ところが、問題が起こりました。試験の実施から法廷での結果報告までの間に残留物が色あせてしまい、陪審員らに試験で毒物を検出できたという証拠として見せるものがなくなってしまった。科学者の言葉だけでは不十分であり、陪審員は自分の目で結果を確認する必要がありました。その結果、証拠が不十分であると判断され、ボドルは殺人の罪で有罪判決を受けることなく無罪とされました。

数年後にジョン・ボドルが罪を認めたのをきっかけに、マーシュはヒ素を検出するためのもっと良い方法はないものかと、ガラスビーカーとチューブを使ってある検査装置を作り出します。この装置を活用し、毒物が含まれているかもしれない試料と亜鉛、硫酸を混合すると、ヒ素が存在した場合、アルシンガスが生成されます。この際、ガスは発火し、酸化反応を引き起こします。陶器の皿を火にかけると、ヒ素が含まれている場合には銀色の沈殿物が現れます。この検査は非常に精度が高く、微量のヒ素も検出できました。

この試験法は「マーシュ試験法」と呼ばれるようになり、一九七〇年代まで、体内のヒ素の存在を証明する標準的な方法として広く用いられました。ホセ・ラモン・ベルトメウ＝サンチェスは自身の論文「学界と法廷における不確実性の取り扱い——通常のヒ素と一九世紀の毒物学」の中で以下のように述べています。「マーシュ試験法は『毒殺犯にとっての最大の恐怖』となり、以前なら発見できなかったかもしれない犯罪を発見し、最終的にはヒ素を使った殺人が大幅に減った」マーシュ試験法は、マーシュが会ったこともないフランス人女性の裁判で最も有名になりました。おそらく彼女は永遠に彼の名前を呪うでしょう。

マリー・カペルは一八一六年にパリの貴族の家に生まれました。父親はナポレオン帝国軍の砲兵将校でしたが、マリーが一二歳のときに狩猟中の事故で亡くなり、母はすぐに再婚したものの、マリーが一〇代のときに亡くなりました。マリーは孤児となり、叔母の家に引き取られます。叔母とマリーは折り合いが良かったわけではありませんでしたが、それでも叔母はマリーを最高の学校に通わせ、そこで他の貴族の若い女性たちと交流させました。

同級生たちが立派な男性と結婚し、社会の階段を上っていくのを見るうちに、マリーも彼女たちのような華やかな結婚生活を夢見るようになり、相手の財産や地位、さらには自分が人からどう見られるかをとても気にするようになります。

しかし、マリーは二三歳になってもまだ独身でした。それは家族のせいでもあったのですが、当時では行き遅れと言われる年齢でした。ヴィクトリア朝時代の社会では、結婚することがいかに大切なことだったかはここでもう一度強調しておく必要があります。当時の女性たちにとって、結婚は女性の人生最大の目的であり、成し遂げるのが当然の目標と考えられていました。フィリッパ・レヴィンの論文So Few Prizes and So Many Blanks': Marriage and Feminism in Later Nineteenth-Century England（褒美は少なく、空白は多い——一九世紀後半のイギリスにおける結婚とフェミニズム）の中では、「未婚女性たちは、それが自らの選択によるものであれ、なんらかの事情によるものであれ、しばしば不幸であり、女性として社会の規範から外れているとみなされていた」と書かれています。

そこでマリーの叔父は、彼女にふさわしい夫を見つけるため、密かに結婚仲介人に頼むことにしました。姪が裕福に暮らせるようにと考え、叔父がマリーの結婚相手に求めたのは「高い収入があり、一定水準以上の暮らしができる」という高い基準です。結婚仲介人がその基準を満たす相手として見つけ出したのが、二八歳のシャルル・プーシュ・ラファルジュ。大きな邸宅を所有し、その敷地内で鉄の鋳造所を営み成功を収めている男性です（少なくとも本人はそう言っていました）。そしてある夜、シャルルとマリーはオペラ座で出会うことになりました（これは彼女の家族が仕組んだサプライズお見合いであり、誰もが好むようなドラマチックな出会いが演出されたのです）。

サプライズの出会い（本当は計画されたものでしたが）の後、マリーの親戚たちは、シャルルが彼女に一目惚れをしたと告げ、彼がどれほど素晴らしい男性かと話しました。しかし、マリーはシャルルのことを退屈で不器用、無作法な男性だと感じ、自分にはふさわしくないと考え、あまり良い印象を持ちませんでした。ところが彼の邸宅や、成功した事業、そして多額の財産について話を聞かされ、考えを一転させたのです。

マリーを必要以上に厳しい目で見たり、打算的と決めつけたりする前に、彼女の生きていた世界では社会的地位を確保するために「良い結婚相手」を見つけることが人生最大の目標であったことを忘れてはなりません。彼女にとってそれ以上に重要なことはありませんでした。シャルルとマリーは一八三九年に結婚し、わずか三日後にはフランスのリムーザン地方にある彼の大邸宅、ル・グランディエに引っ越しました。

おとぎ話のような生活を期待していたのに、マリーを待ち受けていたのは悪夢のような現実でした。どうやら、シャルルが結婚仲介人に嘘を話していたらしいとわかったのです。現代で言えば、経歴書に大げさなことを書いたようなもの。実は、シャルルは経済的に破綻しており、持参金のためにマリーと結婚したのでした。城は荒れ果てて、ネズミが這いまわるほど内部が老朽化しているうえに、鉄の鋳造所も破綻寸前だったのです。

最初の夜に、マリーは部屋に閉じこもって夫に手紙を書き、それをドアの下に滑り込ませました。自分をこの結婚から解放して欲しいと懇願し、さもなければヒ素で自殺すると夫を脅しました。シャ

ルルはマリーに、きちんと生活を立て直すから時間をくれないかと言います。住まいを整え、鋳造所を黒字にすると約束し、それまでは「結婚の特権」を求めないとマリーに伝えました。

この言葉を聞き、暗い気持ちがいくらか和らぐのを感じ、マリーは閉じこもっていた部屋から出てきました。その後も状況は少しずつ改善しているように見えました。夫のシャルルが出張でパリに行くことになったときも、マリーは愛情を込めて彼に手紙とケーキを送ります。しかし、ケーキを食べた直後、シャルルは重い病にかかってしまいました。「ああ、信じてケーキを食べたのに」とシャルルは思ったことでしょう。ケーキが腐っていたのかもしれないと考え、彼は残りのケーキを捨てました。家に戻ってからも病状は改善せず、マリーがかいがいしく看病したものの、妻の手料理を食べても、シャルルの容態は悪化する一方でした。

マリーとマリーの母親はできる限り手を尽くしました。ところが看病の甲斐もなく、哀れなシャルルの病状は一向に良くなる気配がありません。壁の中でネズミが這いまわる音が彼の睡眠を妨げていると知り、マリーはヒ素を手に入れることにしました。もちろん、ネズミを駆除するためです。しかしこの後、マリーは夫の食事や飲み物に白い粉を入れているところを家族に見られてしまいます。それでもマリーは、これは消化器系の病気に効くというアラビアガムだと説明しました。一部の記録によれば、マリーはその白い粉を貴重なマラカイト(クジャク石)の箱に保管していたとされています。

一家はシャルルの新妻にますます疑念を募らせ、ついには彼女を寝室から追い出しました。シャルルに対しては、マリーが作ったものは何も食べないようにと忠告しました。しかし、すでに手遅れで、一八四〇年一月一四日、シャルル・ラファルジュは息を引き取ります。その死に不審な点がいくつかあったため、シャルルの胃が埋葬前に摘出されて検査された結果、マリーが逮捕されたのです。

このニュースは瞬く間にメディアの注目を浴び、スキャンダル好きな大衆を刺激する報道が毎日のように行われました。この物語には、若い花嫁、お金、裏切り、ケーキ、そして殺人容疑など、大衆が興味を持つ要素がすべて含まれていました。マリーが無実か有罪かは、最も注目を集める話題となり、彼女はマスコミの格好の餌食となったのです。

彼女は黒い喪服に身を包み、法廷では泣きながら気つけ薬を持っていました。サンドラ・ヘンペルの著書 *The Inheritor's Powder: A Tale of Arsenic, Murder, and the New Forensic Science*(相続人の粉――ヒ素、殺人、そして新たな法医学の話)によれば、マリーの弁護人は、彼女が殺人を犯す能力がないことを証明するために、上流階級の育ちであることを強調し、彼女について「ピアノ演奏が素晴らしく、朗らかな声で歌い、複数の科学に精通し、ゲーテを読み、翻訳し、数カ国語に堪能で、イタリア語の詩を作曲できる」と説明しました。まるで、ピアノをうまく弾ける人は殺人を犯すことなどできないと言うかのように。

シャルルの胃からはヒ素が検出され、彼の家族が捜査官に提出したマリーの手作りチキンスープの残りからもヒ素が検出されました。これを聞いたマリーは法廷で失神したと言われています。さらに詳細な検査を行うために、新たに導入された高精度の「マーシュ試験法」が用いられることになり、シャルルの遺体が掘り起こされ、地元の医師たちによって公開で検査が行われました。その結果、ヒ素は検出されませんでした。これは予想外の結果でした。

検察側と弁護側は、科学的な証拠を巡って激しく対立しました。検察側は新たな検査結果を受け入れず、代わりにフランスの有名な毒物学者、マシュー・オルフィラに検査を依頼し、オルフィラがマーシュ試験を実施した結果、今度は正確に、シャルル・ラファルジュの遺体からヒ素が検出されたのです。

マリーはすぐに殺人罪で有罪となり、終身刑を言い渡され、一一年間の禁固刑を宣告されました。ただし、その後結核にかかったため刑務所から釈放され、その六か月後の一八五二年に死去しました。

ある意味、この有罪判決はマリーにとってタイミングが悪かったせいで出た結果でした。ヒ素に対するマーシュ試験が導入されたのは、彼女の殺人事件の裁判の時期と完璧に重なっていました。犯行の時期がもう少し早ければ、罪を免れたかもしれません。実際、マリー・ラファルジュは、直接的な法医毒物学の証拠による殺人有罪判決の最初の例としてしばしば例にあげられています。このときから法医毒物学の進歩は、多くの毒殺犯の有罪を証明するために必要な、ことわざで言うところの「論より証拠」を差し出すこととなったのです。

社会が若い女性に対して抱く期待に囚われていたせいで、マリーは嘘で固めた結婚に引き込まれてしまったと言っていいでしょう。彼女はひどく不幸で、そこから抜け出す方法を探していました。そして、殺人を最良の選択肢と決めるまでにほとんど時間は要しませんでした。リサ・ダウニングがMarie Lafarge and the

Sexualization of the Nineteenth-Century Criminal Woman（女性に性差別を加えた「一九世紀の犯罪者女性」としてのマリー・ラファルジュ事件）という論文で書いているように、「家庭内という、社会が女性に割り当てた場所で夫を殺した女性は、社会秩序を内側から脅かした存在だった」のです。

　この章に出てきた女性たちにとって、毒は、他に解決策が見つからない問題に対しての解決策でした。これが最善、あるいは唯一の選択肢だと考えてしまうほど、彼女たちがいかに絶望的な状況に置かれていたか、私たちは想像することしかできません。ナジレヴのエンジェル・メーカーの女性たちは、彼女たち自身が暴力的な夫から逃れようとしていました。マスコミはこれらの殺人事件を「毒殺の流行」と呼びましたが、女性たちをそのような凶行に駆り立てるほど追い詰めた家庭内の虐待の流行についてはまったく報道しませんでした。サリー・バセットが毒を使おうとしたのも、抑圧的で残酷な社会のしくみに対する反抗でした。マリー・ラファルジュは騙されて結婚させられたのですが、もしかすると本当の意味で

彼女が騙されたのは、女性の価値を「結婚」という制約の中に縛り付ける、はるかに大きな社会のしくみだったのかもしれません。彼女は結婚生活から逃れようとしてヒ素を使いましたが、社会が女性に対して期待する限定的な役割からは逃れられませんでした。強大な女王クレオパトラでさえ、絶体絶命の状況に追い込まれたときには、敗北と屈辱に屈するよりも、毒を使うことを選びました。辛く恐ろしい選択ではありますが、それもまた一つの選択だったのです。

MONEY
POISONS YOU
WHEN YOU'VE GOT IT
&
STARVES YOU
WHEN YOU HAVEN'T.
-D.H. LAWRENCE

第3章 金と欲

お金は持っていれば毒になり、持っていなければ飢えることになる。

――D・H・ローレンス

歴史的には、ヒ素は「遺産相続の粉」として知られていました。それは、現金を手に入れるために長生きしている親族の死を早められるという恐ろしい理由からです。テレビコマーシャル風にいえばこうなります。「稼いだ金をため込んでいる強欲なおじいさんがいる？　遺産相続の粉で早く消し去りましょう！　夕食時に少しずつ飲ませるだけで、大金を手にすることができますよ！」。ぞっとする話ですね。

ヒ素中毒の症状は、特に高齢者や体力の弱い人の場合、本当の病気のように見える可能性があります。ただし、強欲な毒殺犯にとって「遺産相続」は金銭を得るための一つの方法にすぎませんでした。ヴィクトリア朝時代には「生命保険」が大流行し、知らないうちに友人や家族の背中に大きなドルマークが付けられていたのです。

お金は常に殺人の動機の一つであり、これは男女の別を問いません。経験豊富な殺人捜査官は、不審死が起きた場合、それによって誰が金銭的に得をするのか、という線で調べることがあります。昔の社会では、女性は経済的な自立が許されておらず、男性に頼らざるを得ない不安定な立場に置かれていました。女性も男性と同様に経済的に困窮していましたが、その苦しい家計の状況を自力でコントロールすることはほぼ不可能でした。貧困と戦いつつ、飢えた家族を養わねばならず、それでもその状況を変える手段が何もない状況が、ときに女性を切羽詰まった行動に追い込むこともありました。もちろん、だからと言ってそのような犯罪を弁解したり正当化したりする理由にはなりません。ほとんどの人が毒など使わずに、経済的な問題にちゃんと対処しているのですから。

いずれにせよ、生命保険業界は大ブームでした。他人の保険金の受取人になった人は、突然、殺人の動機を持つ可能性があったのです。アメリカやイギリスでは、一九世紀の終わりごろまで保険業界には規制がありませんでした。つまり、いわば「黎明期」だったというわけで、当時は誰もが誰に対しても保険をかけて良かったのです。

こうした保険金詐欺は非常にうまくいったので、貪欲な殺人犯の中には、別の人に何度も同じ手口を繰り返す者もいました。特に、前の保険で得た金が底をつくと、もっと金が欲しいという誘惑に抗えなくなる者もいました。

本章で取り上げるのは、最後に捕まるまで金目当ての殺人を繰り返して有名になった女性たちです。こういう話は当時のメディアで非常に注目を集めたため、このような女性殺人犯には、「ブラックウィドウ」という暗くて華やかなニックネームがつけられることもありました。「サイコロジー・トゥデイ」のウェブサイトに掲載されたスコット・ボンの記事によれば、「ブラックウィドウ型シリアルキラーとは、犯罪歴の中で経済的利益もしくは物質的利益を得るために三人以上の夫または恋人を殺害する女性のこと」と説明されています。女性の連続殺人犯を「青ひげ令嬢」や「青ひげ夫人」と呼ぶこともあります。これは、フランスの伝説における裕福な貴族、「青ひげ」の物語から来ており、彼が次々と妻を失っては再婚するエピソードに基づいています。(ネタバレすると、彼が妻たちを殺害していたからです)。

中には狡猾な詐欺師のような毒殺犯もいました。秀でた容姿とカリスマ性を利用して、保険をかけた相手を虜にして信頼を得た者や、交際や恋愛の約束を餌にして孤独な男性に近づいた者たちです。嘘が効力を発揮するのは、相手が期待することを言っているからです。また、介護や看護といった女性が多く従事する職種に就いていることを悪用する毒殺者も多くいました。病人や高齢者、年の若い人など弱い立場にある人たちは、自分の世話をしてくれる人を信頼しがちであるため、ベテランの保険金詐欺師や悪徳金融業者などに狙われやすいのです。ヒ素のように安価で簡単に手に入る毒物、永久に逃れられないと思うほど深刻な貧困、大金、快適な生活、自分の思い通りになる生活への憧れ。そういった条件がそろえば、どんなに善良な女性でも悪の道へ転落してしまうかもしれません。

メアリー・アン・コットン

メアリー・アン・コットンは史上最大級の人数を手にかけた連続殺人犯である可能性が高いですが、読者の皆さんはその名を聞いたことがないかもしれません。複数の夫と子どもを含む二一人の死に彼女が関与している可能性があるとする説もあります。彼女はそのたびに生命保険金を受け取りましたが、義理の息子の不審死が事件捜査の重大な突破口となりました。結果的にメアリー・アンは逮捕されて有罪となり、一八七三年に絞首刑を宣告されました。

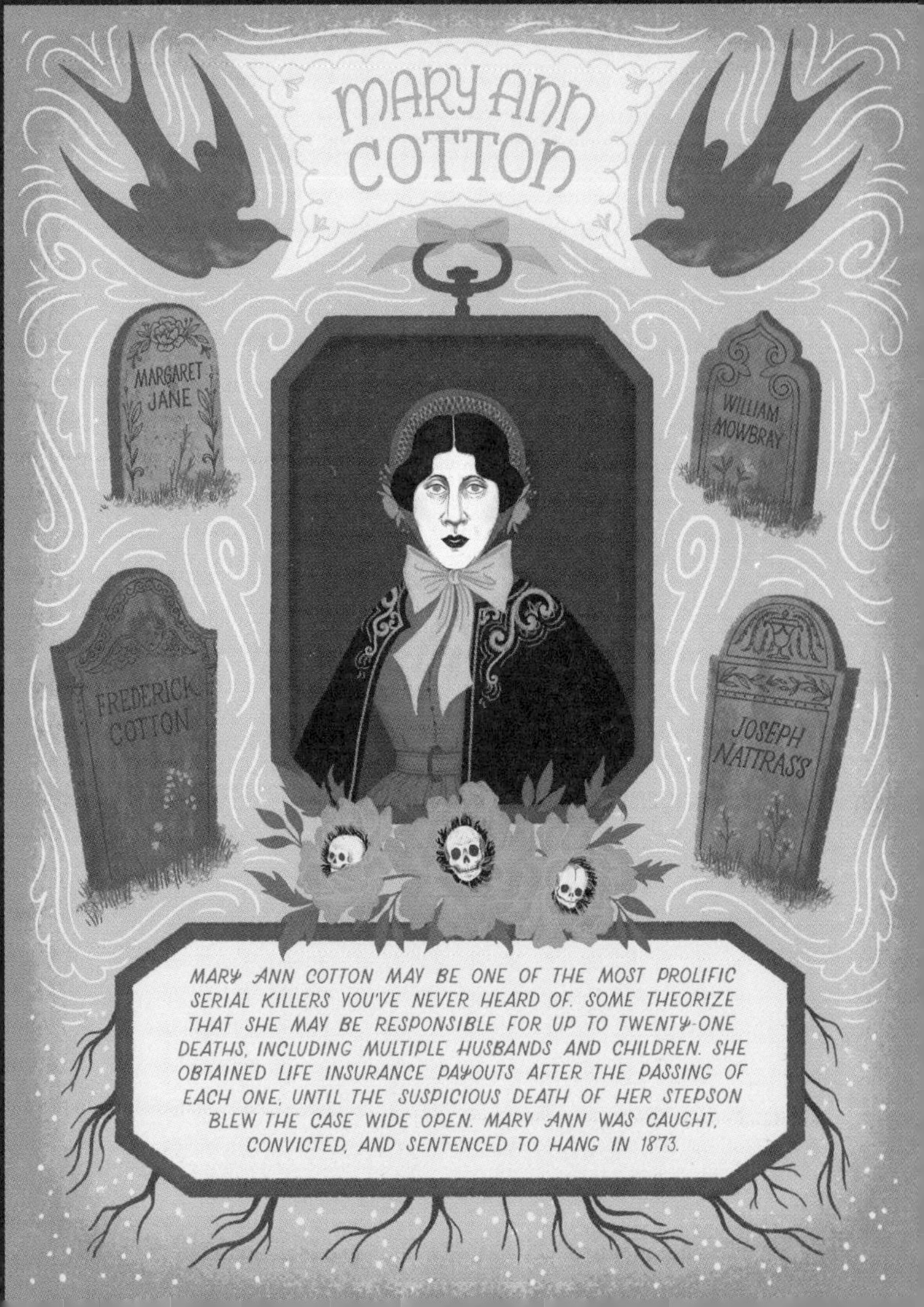
MARY ANN COTTON
MARGARET JANE
WILLIAM MOWBRAY
FREDERICK COTTON
JOSEPH NATTRASS
MARY ANN COTTON MAY BE ONE OF THE MOST PROLIFIC SERIAL KILLERS YOU'VE NEVER HEARD OF. SOME THEORIZE THAT SHE MAY BE RESPONSIBLE FOR UP TO TWENTY-ONE DEATHS, INCLUDING MULTIPLE HUSBANDS AND CHILDREN. SHE OBTAINED LIFE INSURANCE PAYOUTS AFTER THE PASSING OF EACH ONE, UNTIL THE SUSPICIOUS DEATH OF HER STEPSON BLEW THE CASE WIDE OPEN. MARY ANN WAS CAUGHT, CONVICTED, AND SENTENCED TO HANG IN 1873.

歴史を振り返ると、ヴィクトリア朝については、背の高いシルクハットや床まで届く長いガウンといった華やかな面に注目がいきがちですが、あの時代は多くの人々、特に大人よりも体が小さくて、傷つきやすい子どもたちにとっては危険な時代でした。当時は、衛生状態や病原菌の拡散についてほとんど理解されておらず、その結果、病気が急速に広まりました。ヴィクトリア朝時代は、壁紙にヒ素の顔料が含まれていて、さらにはトイレが爆発（メタンガスの充満によるものなど）することもあったので、自宅でさえ安全ではありませんでした。一八五〇年の平均寿命は約四〇歳で、子どものうち約二七パーセントが五歳を超えて生きられませんでした。可愛らしいペチコートや華やかなボンネット、印象的なコルセットの裏には、厳しい現実が隠れていたのです。

他の多くのヴィクトリア朝時代の人々と同様、メアリー・アン・ロブソンもまた死と隣り合わせの幼少期を過ごしました。彼女は一八三二年にイングランド北部で生まれ、わずか一〇歳のときに父親が炭鉱での作業中に転落死し、その遺体は「サウス・ヘットン・コール・カンパニーの所有物」と刻印された袋に入れられ、家族の家に無残に届けられました。メアリー・アンは苦しい生活を強いられている家族を助けるために働きに出なければならず、子ども時代が突然中断されることとなりました。看護師になるための訓練を受け、お金を稼ぐためにいくつか風変わりな仕事に就きました。その中には裕福な家庭での看護の仕事も含まれていました。その家で彼女は、お金で快適な生活が買えるということを初めて知りました。マーティン・コノリー著のメアリー・アンの伝記、*Mary Ann Cotton,*

Dark Angel: Britain's First Female Serial Killer（ダーク・エンジェル、メアリー・アン・コットン――イギリス初の女性連続殺人犯）の中で、このときのメアリー・アンの心境について次のように描写しています。「このときに目にした生活がメアリー・アンの理想とするライフスタイルとなり、ここからの彼女の人生は、常にそれを実現できる夫を探す旅となった」。幼い彼女の心の中では、夫＝お金、お金＝快適な生活、そして快適な生活＝幸せ、という単純な計算が成立していたのです。

二〇歳のとき、彼女は父と同じ鉱山労働者のウィリアム・モウブレイと結婚して南部に移住し、すぐに何人か子どもをもうけましたが、その子どもたちについては何もわかっていません。どうやら出生届が出されることもなく、悲劇的なことに短い命に終わってしまったようです。その後、夫妻は一人だけ生きていたマーガレット・ジェーンという娘を抱えてイングランド北東部に戻り、すぐにイザベラという娘を授かります。悲しいことに、マーガレット・ジェーンは引っ越し後に亡くなりましたが、一年足らずでメアリー・アンにはもう一人娘が生まれ、その娘にもマーガレット・ジェーンと名付けました。その後、彼女は息子を生みましたが、その息子も赤ん坊のうちに亡くなりました。しかし、当初は悲劇の連続に見えた出来事が、やがて驚くべき事態へと発展していくことになります。

一説によると、この時期、メアリー・アンはジョセフ・ナトラスという恋人と関係を持っていたと言われていますが、確かな証拠は存在しません。ただし、この話の後半でナトラスが再び登場することになります。結婚から一二年後、ウィリアム・モウブレイがチフス熱で亡くなり、メアリー・アンは三五ポンドの生命保険金と子どもたちの死亡に対する小額の保険金を受け取ると、二人の娘(二番目のマーガレット・ジェーンとイザベラ)を連れて海辺に移り住みます。マーガレット・ジェーンはその引っ越し直後に亡くなり、メアリー・アンは唯一生き残った子どもであるイザベラを母親のもとに預けました。その後、メアリー・アンはさらにもう一度引っ越し、診療所での職を得ました。引っ越しを繰り返しているせいで、近所の人たちもメアリー・アンの家族が減っていることに気づきにくかったようです。また、生まれてきた子どもに繰り返しマーガレットと名付けたことで、さらにわかりにくくなっていました。

新しい町、新しい職場で働き始めたメアリー・アン。看護師としての能力を高く評価されるようになり、オールドサンダーランド診療所で働いていたときに患者として来ていたジョージ・ウォードと出会い、再婚します(ジョージに愛着を持ちすぎないようにしてください、すぐに退場してしまうので)。ところがこの二番目の夫も、その年のうちにチフス熱で亡くなり、メアリー・アンはまた生命保険金を受け取ることになりました(後に法廷では、彼女が看護師として働いていたことから、さまざまな毒物を手に入れる機会があったことが指摘されています)。

次にメアリー・アンが目をつけたのは、五人の子どもたちと豪邸に住んでいる裕福な寡夫ジェームズ・ロビンソンが出した家政婦募集の広告です。この仕事はまさに自分にぴったりだと考え、見事採用されたものの、彼女がロビンソン家に来てから、子どもたちが次々と亡くなり始めます。メアリー・アンは悲しみに沈むジェームズに寄り添い、慰め、まもなく妊娠しました。トリ・テルファーの『レディ・キラーズ』によれば、「メアリー・アンは結婚を確実なものにするために妊娠を手段として使ったが、子どもを育てることにはそれほど興味を示さなかった」ということです。

メアリー・アンは母親が病気だという知らせを受けましたが、それはちょうど新たな恋とお金が手に入るかどうかという大事なときで、彼のもとを離れるわけにはいかない時期でした。病気の母の世話をするためにロビンソン家を出ましたが、母が（メアリー・アンにとっては）都合よく早く亡くなってくれたおかげですぐロビンソン家に戻ってくることができました。後に新聞はこのことに注目し、メアリー・アンが到着してからわずか九日で母が亡くなったことや、アンが母の家を発つ際にリネンやその他の品物をいくつも持ち出したことなどを書き立てています。このとき、彼女は亡き母に預けていた娘イザベラを連れてロビンソン家に戻ってきました。

これは、結果的に九才のイザベラにとって不運となりました。メアリー・アンと一緒に戻ってきたとたん、イザベラもロビンソン家の子どもたち二人も「胃炎」で命を落とすこととなりました。亡くなった子どもた

ち三人には生命保険がかけられていて、裁判でジェームズ・ロビンソンはこう証言しています。「子どもたちは毒殺されたんです。間違いありません。亡くなる数日前まで元気で悪いところは何もなかったのに、突如として体調を崩したんです。彼女が何かを食べさせるたびに、吐き気を催して、食べたものをすべて吐き出していました」。この恐ろしいパターンに薄々気づいていたにもかかわらず、一八六七年八月、彼はメアリー・アンとの結婚を選択したのでした。

その年の一一月、女の子が生まれ、またマーガレットと名づけられましたが、その子は翌年の二月までしか生きられませんでした。でも心配ご無用、その後、メアリー・アンは再び妊娠して息子を授かり、その子はジョージと名づけられています。愚かにも新妻に財産を預けていたジェームズは、ほどなくして彼女が金を盗んでいたことや借金を重ねていたことを知りました。自分の息子が彼女の指示で家の物を持ち出し、それを質屋で売っていたと告白したのです。ジェームズは激怒し、妻を残して、残された家族とともに妹の家に移り住みました。メアリー・アンと結婚した夫たちの中で、生き残ったのはジェームズだけでした。

ちょうどこの時期、ジョセフ・ナトラスの妻が亡くなり、メアリー・アンはジョセフとの不倫関係を再開したと考えられています。同時に、友人のマーガレット・コットンが悲しみに暮れる兄のフレデリックに、メアリー・アンを紹介しました。フレデリックは妻と共に四人の子どものうち二人を亡くしていました。マーガレット・コットンは子どもたちの世話を手伝っていましたが、突然亡くなってしまいます。マーガレットの死についても、メアリー・アンが関与しているのではないかと訴える声がありましたが、別の証言によれば、マーガレットはメアリー・アンが到着する前に亡くなっていたといいます。どちらにせよ、メアリー・アンはすぐに駆けつけてフレデリックを慰め、家のことを手伝うようになりました。その独特の慰め方がフレデリックの心を摑み、メアリー・アンは再び妊娠しました。

一八七〇年、彼女はフレデリック・コットンと結婚し、コットン姓を名乗るようになります。もちろん、実質的にはまだロビンソンと婚姻状態だったので、この結婚は法的には有効ではありませんでした。しかし、気の毒なことにフレデリックはそのことをまったく知りませんでした。のちの裁判で、彼女が自白した唯一の罪は「重婚」でした。コットン一家はウェスト・オークランドに移住しましたが、フレデリックはすぐに病気になり、わずか二週間で亡くなりました。死亡診断書に書かれた死因はチフス熱と肝炎でした。亡くなったとき、彼は三九歳でした。

ちょうどこの頃、ジョセフ・ナトラスがメアリー・アンの家に下宿人としてやってきました。仮にナトラスが以前からメアリー・アンの恋人だったとすれば、メアリー・アンは二人のロマンスを再燃させるために障壁になる連れ子たちを片付けたいと考えたかもしれません。フレデリック・コットン・ジュニアは間もなく胃熱で亡くなり、直近に生んだロバート・ロブソン・コットンも同じ月に「歯が生え始めたために、痙攣を起こした」ことが原因で亡くなりました。メアリー・アンはコットン家の三人にかけていた少額の生命保険金を受け取ったのです。

メアリー・アンがナトラスと関係を築くつもりだったのなら、ことの次第は違っていたかもしれません。しかし、彼女との結婚を考えていたナトラスも、コットンの赤ちゃんが生まれた直後に亡くなりました。病床のナトラスを見舞った人々は、彼の部屋に赤ちゃんの棺が置いてあるのが不気味だったと語っていました。メアリー・アンは恋人のナトラスがもう長くないことを知っていたため、彼が亡くなるまで赤ちゃんの埋葬を延期し、二人を一緒に埋葬することで少しでもお金を節約しようとしていたのです。町の噂では、メアリー・アンはナトラスよりもさらに条件の良い男性と交際したいという願望を抱いており、より望ましい相手と見られていた徴税官と親密な関係になったのではないかと囁かれていました。その人物はジョン・クイック・マニングだとする説もあれば、ジョン・マンだとする説もあります。なお、この男性は、メアリー・アンが生んだ最後の子どもの父親だと考えられていました。

メアリー・アンに残されていたのは、コットンの幼い子どもチャールズ・エドワード一人だけ。彼女はいろいろな人に、この幼いチャールズが重荷であり、彼の世話をしなければならないせいで、もっと多くの下宿人を受け入れたいのにできないと不平を言っていました。一度などチャールズを救貧院に入れようとしましたが、それは受け入れてもらえませんでした。ウェスト・オークランドの教区救済制度の責任者であり、救貧院院長だったトーマス・ライリーはメアリー・アンを訪ね、天然痘患者の世話をしてくれないかと尋ねました。彼女はチャールズ・エドワードがいるので無理だと答えましたが、裁判でライリーは、メアリー・アンが暗に「でもそれはあまり問題ではないかもしれません。それほど長く悩まされることはないでしょう。あの子もコットン家の他の人たちと同じ運命を辿るでしょうから」と語ったと証言しました。

ライリーはその恐ろしい言葉が忘れられませんでした。数日後、彼がメアリー・アンの家の前を通りかかると、メアリー・アンが呼び止めて子どもが亡くなったことを伝えました。ますます不審に思ったライリーは自分の疑念を警察に通報。メアリー・アンは死亡証明書を手に入れて生命保険金を受け取ろうとしましたが、検視官による死因審問に召喚されたため、受け取れませんでした。駆けつけた地元の医師が彼女の自宅のテーブル上で遺体の解剖を行い、死因が自然死であることを確認しました。しかし、翌日、チャールズ・エドワードの胃の内容物をさらに詳細に検査したところ、ヒ素が検出されたのです。メアリー・アンは義理の息子を毒殺した罪で逮捕されました。

マスコミは、ある女性が不可解なことに非常に多くの身近な人たちを次々に亡くしたというセンセーショナルな事件を取り上げ、夫三人、自分の母親一人、子ども一一人、そして友人一人と、亡くなった人の数を調べ上げました。チャールズ・エドワードの遺体は掘り返され、サンプルが地域の主だった毒物専門家に送られました。コットン家の他の人たちの遺体やジョセフ・ナトラスの遺体も掘り返されると、ヒ素の陽性反応が確認されました。

"Mary Ann Cotton
She's DEAD and she's ROTTEN.
Laying in bed with her eyes WIDE OPEN.
Sing, sing, oh what should I sing?
Mary Ann Cotton she's TIED UP with string.
Where, where? Up in the air.
Selling BLACK PUDDINGS a penny a pair."

逮捕されたメアリー・アンは、刑務所で彼女にとって最後となる一三番目の子ども、マーガレットを出産しました。この子は養子に出されて、母とは別々に暮らした後八一歳まで生きたということです。メアリー・アンの弁護人は、彼女は愛情深い母親であり看護師であって、告発されているような罪を犯せる人間ではないと主張しました。さらに、チャールズ・エドワードが家の壁紙の顔料に含まれるヒ素のガスを吸い込んで中毒死した可能性(当時はまったく信じがたい話ではありませんでした)や、誤ってヒ素を飲み込んでしまった可能性があると主張しましたが、陪審員はチャールズ・エドワードの殺害についてメアリー・アンを直ちに有罪と判断しました。二一人もの殺人への関与が疑われていたにもかかわらず、彼女が裁判にかけられたのは、この殺人事件だけでした。彼女には絞首刑が言い渡されました。

マーティン・コノリーは著書の中で、メアリー・アンにとって不利な証拠はすべて状況証拠にすぎなかったと指摘し、彼女に同情的な見解を示しています。「警察が家宅捜索したときも、ヒ素は発見されず、彼女が誰かに毒を盛った場面を見たとする目撃証言も存在しない」。

チャールズ・エドワード事件裁判での死因の取り扱いは、陪審員の意見に確実に影響を与えたと言われています。彼女が公正な裁判を受けられなかった可能性があるとする理由はいくつか挙げられます。メアリー・アン・コットンが妊娠を手段として利用していたように見えたのでしょうが、当時は避妊の選択肢がほとんどなかったことも考慮する必要があるでしょう。子どもの命を次々に奪ったことの言い訳にはなりませんが、妊娠・出産の繰り返しで彼女の身体と精神に大きな負担がかかったことは想像に難くありません。

メアリー・アン・コットンが関与しているとされる死のうち、どれが本当の自然死で、どれが彼女が直接手を下した死なのか、真相は闇の中です。世論は「ブラックウィドウ」「ウェスト・オークランドの毒殺者」「闇の天使」と呼ばれた彼女に冷酷な反応でしたが、メアリー・アンは最後まで無実を主張しました。

処刑を前にした彼女の最後の願いは「一杯の紅茶」でした。紅茶にヒ素を混入して多くの犠牲者を毒殺しただけに、これは皮肉な選択でした。一八七三年、彼女は四〇歳で公開処刑されることになりました。しかし、絞首刑の執行人のミスでロープが短すぎたため、絞殺のために彼女の肩を押さえつけなければならず、最終的に彼女が息を引き取るまで、実に三分を要しました。子どもに対する愛情がほとんどなかったにもかかわらず、メアリー・アンは童謡の中で悪者として永遠に語り継がれることとなりました。彼女が連続殺人犯であったのは間違いないのでしょうが、この不気味な童謡がなければ、それほど名が知られないままだったことでしょう。

メアリー・アンのストーリーは陰鬱で複雑です。彼女に対する嫌疑が本当なら、彼女は夫を射止めるために妊娠を利用し、子どもが重荷になれば捨てるという、想像を絶するほど冷酷な人物として浮かび上がってきます。まさに社会規範から逸脱し、極悪非道で、「女らしさからかけ離れた」女性。ヴィクトリア朝時代の女性像からは著しく逸脱した人物像そのものです。母親としての役割を果たすどころか、殺人者となってしまったのですから。メアリー・アンのようなストーリーは人々の心に大きな衝撃を与え、よりけがれのない性である女性が毒を手にすることへの恐怖を強めることになります。

ベル・ガネス

ベル・ガネスは、火災や夫の死亡によってたびたび保険金を受け取っていた女性。インディアナ州

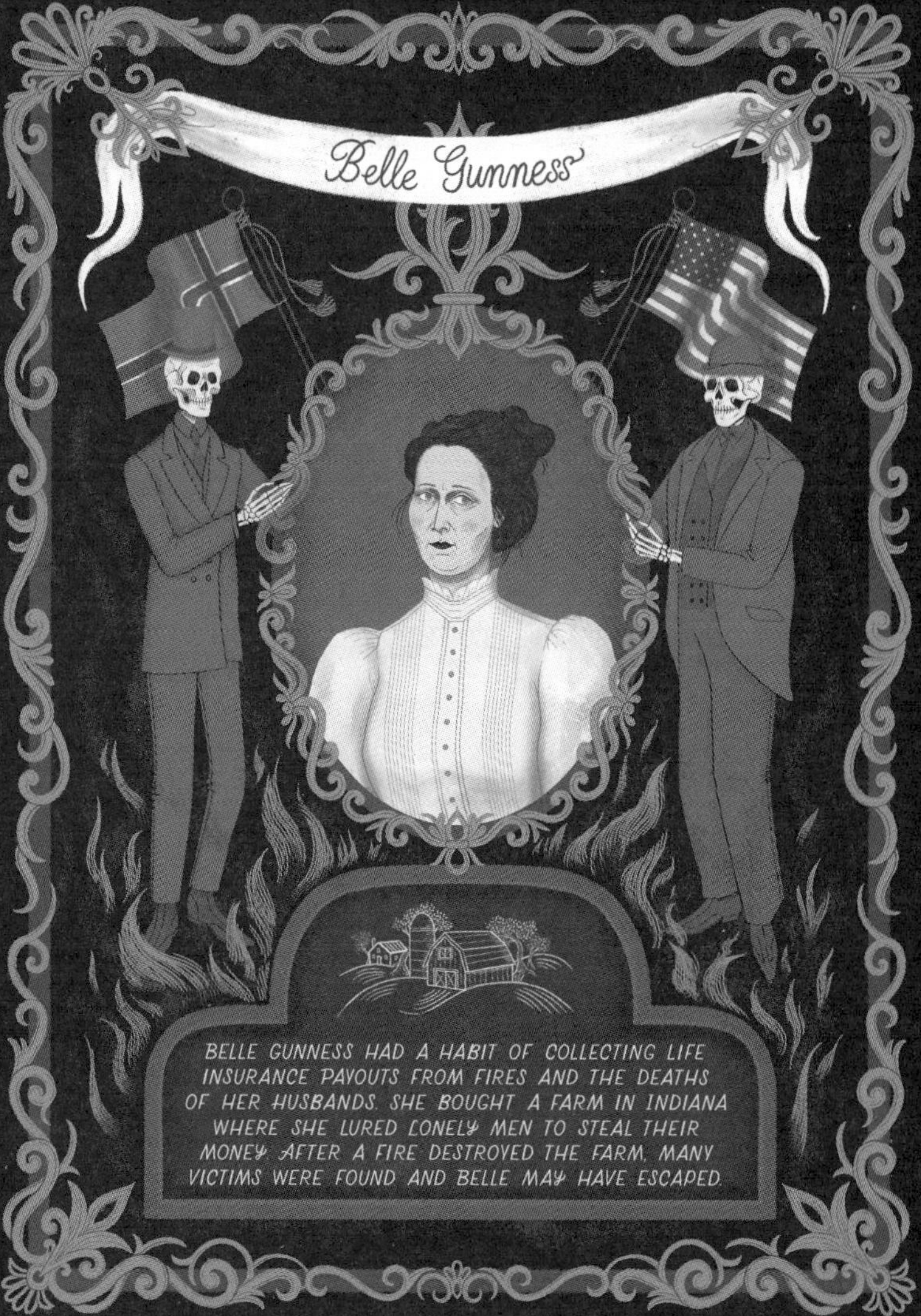
Belle Gunness
BELLE GUNNESS HAD A HABIT OF COLLECTING LIFE INSURANCE PAYOUTS FROM FIRES AND THE DEATHS OF HER HUSBANDS. SHE BOUGHT A FARM IN INDIANA WHERE SHE LURED LONELY MEN TO STEAL THEIR MONEY. AFTER A FIRE DESTROYED THE FARM, MANY VICTIMS WERE FOUND AND BELLE MAY HAVE ESCAPED.

に農場を購入し、そこへ孤独な男性を誘い込んでは彼らからお金を奪っていました。農場が火事で壊滅的な被害を受け、多くの犠牲者が出ましたが、ベルは現場から逃げた可能性があると言われています。

放火、山ほどの過激な内容のラブレター、スカンジナビア料理、ストリキニーネという猛毒、首なし死体、下着に縫い付けられたお金、連続殺人。ベル・ガネスの信じがたい話には、犯罪ミステリーに欠かせない(しかも多くは皆さんとは無縁の)要素がすべて盛り込まれています。彼女はマスコミには、「ヘルズ・ベル(地獄のベル)」、ヘルズ・プリンセス(地獄のプリンセス)」、「インディアナ・オグレス(インディアナの鬼)」、「マダム・ブルービアード(青ひげ夫人)」など、さまざまな異名(どれもかっこいいロックバンドか暴走族の名前のようです)で知られていました。しかし、彼女は一八五九年にノルウェーの貧しい家庭に生まれ、「ブリュンヒルト・パウルスダッター・シュトルセット」と名づけられました。

一八八一年、姉の後を追って渡米し、ベルと名乗り始めました。シカゴに居を構え、さまざまな低賃金の仕事に就いて生計を立てていましたが、ベルには常に大きな野望がありました。姉のネリー・ラーソンは後にベルについて、「妹はお金に取り憑かれていました。(中略)お金を手に入れるためなら手段は選びませんでしたし、男性に興味を持ったことはありませんでした。あったとしても、男性本人ではなく、彼らから得られるお金や贅沢な暮らしに興味があっただけだと思います」と語っています。

恋愛も含め、ベルの人生の選択基準はお金でした。まなざしがするどく印象的な青い目をしており、身長は一七〇センチから一八〇センチ(関連する噂が増えるにつれ、語られる身長も高くなっていきました)、体重は約一三〇キロとされています。こうした身体的な特徴は、後に重要な意味を持っていきます。一般に、長身で力強く見えたことから、「大柄な」という形容詞が彼女を表現するのによく用いられていました。

同時代のある人は、ベルを「太くてずんぐりとした体つき、くすんだ茶色の髪がモップのように覆っている大きな顔、小さな目、そして大きな手と太い腕、そして不釣り合いに小さな足に支えられている巨大な胴体」と評していました。しかし、そのような「好ましい」とは言いがたい容姿にもかかわらず、彼女には絶えず求婚者が寄ってきたのです。

彼女はノルウェーからの移民、マッズ・ディトレブ・アントン・ソレンソンと出会い結婚しました。二人で菓子店を開店したものの、結婚生活は順調とは言えませんでした。経営がうまく行かないなか、不可解なことに店で火災が発生しました。二人はそれを機に店を売却し、火災保険の支払いを受けて家を購入しましたが、この家でもまた火事が発生しました。幸いなことに(あるいは意図的にというべきか?)、被害に遭った物品にはすべて多額の保険がかけられていました。また、ベルは子どもを養子に迎えたり、里親になったりすることでも知られており、近所のジェニー・オルセンという少女も一時、ベルとマッズの元で生活していました。この一連の出来事やベルにまつわる背景については、ハロルド・シェクターの著書*Hell's Princess: The Mystery of Belle Gunness, Butcher of Men*（地獄のプリンセス――男たちを次々と殺害した女、ベル・ガネスの謎）で詳しく語られています。

一九〇〇年七月三〇日、マッズは仕事から帰るとひどい頭痛を訴えました。ベルは後に医師に対し、「夫が横になっていたときにキニーネの粉末を飲ませた」「それなのに、次に様子を見に行ったときにはすでに死んでいた」と説明しています。医師は死因を自然死と診断したものの、後にその症状がストリキニーネ中毒にも似ていたと認めることとなります。まずあり得ない確率で、マッズの死亡したその日、二つの生命保険の適用期間が重複していました。ベルは両方の保険金、合計五〇〇〇ドルを受け取ったのです。まるで暗黒の宝くじを当てたかのようでした。

彼女はそのお金を利用して、美しい景色が広がるインディアナ州ラポートにある四八エーカーの土地に建つ一三部屋の農家を購入し、子どもたちと一緒に移住しました。次に結婚したのはまたノルウェー出身のピーター・ガネス。妻を亡くしていたピーターには子どもが二人いましたが、結婚してわずか一週間後、ベルが面倒を見ていたピーターの幼い娘が亡くなりました。また、前夫マッズの死も不可解でしたが、ピーターの死はさらに謎めいていました。ベルとの結婚からわずか八か月後、ピーターは後頭部に深い切り傷を負い、鼻を骨折した状態でうつ伏せに倒れていたのです。ベルはそれを不慮の事故だと言い、「夫がキッチンで転倒した際、熱い塩水［当時料理の下ごしらえなどに使われていたもの」のボウルで火傷を負い、さらに高い棚から落ちてきた肉挽き機で頭を打ったのだ」と事情を説明しました。この奇妙な事故に疑念を抱く人々もいましたが、ピーターは事故死とされました。町の多くの人々はベルが関与しているのではないかと噂しました。噂話の主の中にはマッズとベルの間に生まれた娘、マートルも含まれており、彼女は学校の友人に「ママがパパを殺したの。パパに肉切り包丁を投げつけて、それでパパは死んだの。誰にも言わないで」と打ち明けたと言われています。

ベルは農場の数多くの仕事を手伝ってもらうために、いろいろな農場労働者を雇うようになりました。これらの男性たちは単なる使用人以上の存在になることがしばしばありました。多くはベルと結婚すると自慢し、自分が美しい農場の所有者になるだろうと考えていました。にもかかわらず、彼らには突如として姿を消すという奇妙な共通点がありました。ベルは常に男性たちの失踪について、言葉巧みに説明する術を持っていました。例えば、彼女に夢中になっていた一六歳の農場助手ジェニー。ベルが皆に、「ジェニーがカリフォルニアの大学に進学することになった」と語って以来、ジェニーの姿は二度と見られることはなく、消息も不明になりました。

ベルは再び裕福な寡婦となり、農場を経営しながら新たな夫を探していました。地元のノルウェー語の新聞に次のような広告を掲載しました。「求む──当方、インディアナ州ラポート郡の一等地に広大な農場を持つ美しい寡婦。同じく豊かな資産を持つ紳士を探しています。共に財産を所有しましょう。手紙だけの返事ではなく、直接会いに来られる方を希望。冷やかしの方はご遠慮ください」

ベルの家に郵便物を届けていた配達員によれば、広告への返答として彼女は毎日約一〇通の手紙を受け取っていたということです。彼女は孤独な男性たちに対して、全員に同じことを伝えていました。「資産を現金化し、一生分の貯金を下着に縫い付けてすぐに私のもとを訪れてください。そして、行先を誰にも話さないでください」と。彼女はこれらの孤独な移民男性たちに対し、彼らが懐かしむ故郷の、ノルウェー語での会話やノルウェー料理で楽しませると約束し、親密な関係を築き、富と美しい農場、そして自分自身のすべてを捧げると約束していました。

訪問者たちは、週におよそ一回の頻度で農場を訪れていましたが、彼ら訪問者が農場を去るのを見た人はいませんでした。しかも、常に持ち物を置いたままいなくなっていたのです。ベルは「彼らが置いていった」それらのトランクと衣類を置くために、農家のまる一室を充てていました。豚の世話をするときに、彼らのコートや靴を着たり履いたりしている姿もよく目撃されていました。そのような男性の一人がアンドリュー・ヘルゲリエンです。五〇歳近くで、サウスダコタから来たノルウェー出身の小麦農家を営む男性でした。彼とベルは八〇通近い手紙の交換をしたとされ、ベルは彼に賛辞を送り続け、幸せな家庭を築くことを約束していました。ベルは「あなたのことを思うと、胸の鼓動が止まらないわ。私のアンドリュー、愛しているの。ずっと私と一緒にここにとどまる覚悟で私のもとに来て」としたためています。そして、それはある意味、文字通りの約束だったのです。

アンドリューがついにラポートに到着すると、二人はアンドリューの預金全額を引き出すために、一緒に銀行に行くところが目撃されていました。ベルがその欲深い小さな手にアンドリューの全財産をつかみ取った瞬間から、彼の姿は二度と見られなくなりました。生きた姿が、です。新しい使用人レイ・ランピアーもまたベルにすっかり心を奪われ、アンドリューをはじめとする数多くの求婚者たちをひどく妬んでいました。レイはアンドリューの身に何が起きたのかを見て多くを知り過ぎた可能性があります。レイとの関係が悪化すると、ベルはレイに嫌がらせを受けていると言い出し、レイを何度も不法侵入で逮捕させ、精神異常者だと訴えようとしました。最終的に、ベルは新しい使用人ジョー・マクソンを雇い、レイとは決別しました。

アンドリューの兄は「一週間で家に戻る」と言っていた弟が戻らなかったため、心配になって調べるようになり、ベルからの何十通もの手紙を見つけます。そこには激しい嵐のように、目まぐるしく展開するロマンスが綴られていました。それを見た兄は、自分でアンドリューの消息を調べることを決意。事件の真相を少しずつ明らかにしていきます。一方でベルは、レイが正気を失って、ベルが住んでいる家に火をつけると脅している、と町中に噂を流していました。彼女は弁護士のもとを訪ねて遺言書を完成させると、店に行き、興味深い品々を買い揃えました。子どもたちのためのケーキ、キャンディ、おもちゃ、そして灯油二ガロン(約七・六リットル)です。

翌一九〇八年四月二七日の朝、ジョー・マクソンは、ガネス農場の自宅の寝室が煙で満たされているのに気づき、驚いて目を覚ましました。彼は必死でベルと子どもたち(一一歳のマートル、九歳のルーシー、五歳のフィリップ）を見つけて避難させようとしましたが、見つかりません。とうとうマクソンは燃え盛る建物から逃げ出して助けを呼びに行き、激しい火災がやっと消し止められると、焼け跡から四人の遺体が発見されました。遺体は寝室でなく、地下室で整然と積み重ねられた状態でした。三つは小さな遺体で、一つは大人の女性のもの。おそらくベル・ガネスだろうと考えられましたが、一つ問題がありました。女性の死体には、身元確認に絶対必要な部分「頭部」が失われていたのです。

遺体は当初から、ベル・ガネスのものであるか疑問視されていました。医師たちは、発見された遺体の身長は、欠落している頭部を考慮しても、ベルの身長よりはかなり低い一六〇センチメートルほどだと推測しました。遺体の体重もわずか三五キロ程度でした。火災で身体の一部が消失したことを考えても、大柄だと言われていたベルの遺体がそれだけしか残っていなかったのは不自然ではないでしょうか。

マスコミの報道に煽られた地域社会は、この不可解で悲劇的な事件について、さまざまな憶測で大騒ぎになりました。ベルが恐れていたとされた通り、レイが火をつけたという噂が瞬く間に広まりましたが、次第にベルが自分で火をつけたのではないかという、さらに恐ろしい説が浮上しました。女性の首なし死体は、ベルが自分の死を偽装して逃走するために仕組んだものだったのでしょうか？結局レイは逮捕されました。彼は火事のことは知っていたようですが、家族が火事で亡くなったことは知らなかったようです。

アンドリュー・ヘルゲリエンの兄アスルは、行方不明の弟を探すためにラポートにやってきました。彼はそこでガネス農場の惨状を目の当たりにし、男たちに交じって火事の跡地を掘り返し、証拠探しを始めます。やがて男たちは、ジョーがベルに頼まれて掘ったいくつかの「ゴミ穴」のうち、土が柔らかくなっている部分があることに気づきました。そこを掘ると、麻袋に入ったバラバラ死体が見つかり、アスルはそれが弟のアンドリューのものだと確認しました。彼らは保安官を呼び、その日のうちに、ベルの豚小屋のあちこちに埋められた五体のバラバラ死体を発見しました。興味津々の野次馬たちが集まり、悲惨な事件が明るみに出るのを見守りました。一〇代だったジェニーの遺体もその中にありました。彼がカリフォルニアに行くことはなかったのです。翌日はさらに九人の遺体を発見。皆一様にバラバラに切断され、生石灰で覆われ、麻袋に入れられていました。その多くは、ベルの広告を見てやってきた求婚者たちでした。彼女の方は、その求婚者たちを細かく切り刻むほどの愛情しか持ちあわせていなかったようですが。
検視官による焼死体の検視が行われました。焼けた遺体の胃の内容物を調べると、ヒ素とストリキニーネが検出されました。アンドリュー・ヘルゲリエンの胃からも同様に、混ぜた毒薬が発見されました。これにより、ベルの犯行だとする説が浮上しました。彼女は口先の愛の言葉で男性たちを魅了し、財産を巻き上げ、用済みになると毒で弱らせてから肉切り包丁やハンマーで殴り倒し、バラバラにして自分の土地に埋めていたのです。ベルに殺害された被害者の正確な数は不明ですが、ある説では二八人に上ると言われています。

The Truth about Belle Gunness: The True Story of Notorious Serial Killer Hell's Belle（ベル・ガネスの真実――悪名高き連続殺人犯「地獄のベル」の真の物語）において、リリアン・デ・ラ・トーレはレイ・ランピアーの裁判について詳細に記しています。弁護側の主張は、ベルが死んでいない以上、レイをベル殺害の罪で裁くことはできない、というものでした。レイは、ベルは生きて逃亡していると主張したのです。事件当夜に家にいた家族は毒殺され、証拠隠滅のために放火

された、とレイは続けて主張しました。弁護人は「ガネス夫人は、最も悪名高い女性犯罪者の一人です。（中略）あの忘れられない夜に自宅を放火し子どもを毒殺する明確な動機があったことを証明していきます。あの夜が、自身の犯罪人生最大の危機であり、自分の犯罪がいつ発覚するかわからないと恐れていたため犯行に及んだのだと示します」と主張しました。

最終的にレイ・ランピアーは放火の罪で有罪となったものの、殺人罪では有罪とはならず、二一年の禁固刑が言い渡されました。彼は獄中での死の床で、ベルの共犯者であり、彼女の逃亡を手伝ったことを自白したとされています。レイは、ベルがまだ生きており莫大な富を得ているとと信じていたということです。ベルが死亡したとされた後もしばらくの間、火事の後にベルを目撃したとの情報が浮上していましたが、その真偽は最後まで確認されることはありませんでした。

ベルは、いくつかの点で女性毒殺犯の中で珍しい存在です。多くの女性毒殺犯は、刺殺や絞殺のような直接的な殺害方法を避けるために毒を選びますが、ベルは力が強く、暴力的な方法にも訴えていたようです。

また、ヒ素とストリキニーネの両方を犠牲者に対して使った理由もはっきりしません。どちらか一方でも殺害には十分ですし、毒殺した後に殴打するのもやりすぎのようにも思えます。大半の女性の毒殺犯は、被害者をバラバラにしたり埋めたりはしません。できるだけ死体に関わらないようにしたいと思う傾向があり、死因を病気やその他の自然死に見せかけようとするのが一般的です。

ベル・ガネスの人生は矛盾に満ちたものでした。彼女は純粋に子どもを愛し、多くの赤ん坊を養子にするような母性的な面もありましたが、一方で人を切り刻むような冷酷な面もありました。ベルの生きた時代にあった言葉ではありませんが、おそらく彼女は「サイコパス」だったのではないかと、後の時代に理解されることになります。見知らぬ男性との出会いを求める彼女の新聞広告は、今日のインターネットのフィッシング詐欺やマッチングサイト詐欺と共通項があります。今日に至るまで、ベルと彼女の殺人農場は謎と悪夢に包まれたままです。ベルは、自ら作り出したゆがんだ舞踏会の花形となり、やがてすべてが煙に包まれ、幕を閉じることになったのです。

参考文献

序文

- Blum, Deborah. "The Imperfect Myth of the Female Poisoner.（女性毒殺犯の不完全な神話）" Wired, January 28, 2013. https://www.wired.com/2013/01/the-myth-of-the-female-poisoner.
- "Global Study on Homicide, 2019 Edition.（二〇一九年の国際連合による世界的な殺人犯罪調査）" United Nations, Office on Drugs and Crime, 2019. https://www.unodc.org/unodc/en/data-and-analysis/global-study-on-homicide.html.
- Gross, Hans. *Criminal Psychology*（邦訳『犯罪心理学』寺田精一訳）, 1898.「The Female Self: Poisoners」(Murderesses in German Writing, 1720–1860: Heroines of Horror, 154. Cambridge: Cambridge University Press, 2013を引用)
- Jones, Ann. *Women Who Kill.* New York: Feminist Press, 2009.
- Keating, Dan. "The Weapons Men and Women Most Often Use to Kill.（男性と女性が最も頻繁に殺害に使用する武器）" *Washington Post*, November 7, 2015.
- https://www.washingtonpost.com/news/wonk/wp/2015/05/07/poison-is-a-womans-weapon.
- Koushik, Sarang. "Why Internet Craze the 'Tide Pod Challenge' Is Dangerous, Potentially Deadly.（なぜインターネットで流行する「タイドポッドチャレンジ」が危険なのか、潜在的に致命的）" ABC News, January 16, 2018. https://abcnews.go.com/Health/internet-craze-tide-pod-challenge-dangerous-potentially-deadly/story?id=52379523.
- Latson, Jennifer. "How Agatha Christie Became an Expert on Poison.（アガサ・クリスティはいかにして毒物の専門家になったか）" *Time*, September 15, 2015. https://time.com/4029233/agatha-christie-poison.
- ・Matthews David, *Alison. Fashion victims : the dangers of dress*

past and present(邦訳『死を招くファッション――服飾とテクノロジーの危険な関係』、安部恵子訳). London: Bloomsbury, 2015.
- ・Mekonnen, Serkalem. "Daffodils—Beautiful but Potentially Toxic.（水仙――美しいが潜在的に有毒なもの）" Poison Control, National Capital Poison Center. Accessed May 21, 2021. https://www.poison.org/articles/daffodils
- Petruzzello, Melissa. "Can Apple Seeds Kill You?（リンゴの種で死ぬことはあるのか）" Encyclopedia Britannica. Accessed May 19, 2021.
- https://www.britannica.com/story/can-apple-seeds-kill-you.
- Scot, Reginald. *The Discoverie of Witchcraft*. London: Andrew Clark, 1665.
- https://quod.lib.umich.edu/e/eebo/A62397.0001.001/1:12.3?rgn=div2;view=fulltext.
- Trestrail, John Harris. *Criminal Poisoning Investigational Guide for Law Enforcement, Toxicologists, Forensic Scientists, and Attorneys*. Totowa, NJ: Humana Press, 2000.
- Watson, Katherine. *Poisoned Lives: English Poisoners and Their Victims*. London: Hambledon Continuum, 2004.
- Watson, Thomas. "When She Kills a Woman Chooses Poison.（女が殺すときには毒を選ぶ）" *Tacoma (WA) News Tribune*, June 18, 1939.
- Whorton, James C. *The Arsenic Century: How Victorian Britain Was Poisoned at Home, Work, and Play*. Oxford: Oxford University Press, 2010.

毒物の基礎知識

毒物の歴史

- Barrell, Helen. "Poison Panic & The History of Arsenic.（毒物によるパニックとヒ素の歴史）" Historic UK. Accessed December 9, 2022.
- https://www.historic-uk.com/HistoryUK/HistoryofBritain/Poison-Panic.
- Blum, Deborah. *The Poisoner's Handbook: Murder and the Birth of Forensic Medicine inJazz Age New York*(New York: Penguin Books, 2011)より。
- Burnham, Paul M. "Strychnine.（ストリキニーネ）" Strychnine – Molecule of the Month, October 2009.
- http://www.chm.bris.ac.uk/motm/strychnine/strychnineh.html.

- "Certifying Forensic Toxicologists since 1975.（一九七五年以来の法医毒物学者の認定）" American Board of Forensic Toxicology. 二〇二二年十二月九日にアクセス https://www.abft.org.
- Cilliers, L., and F. P. Retief. "Poisons, Poisoning and the Drug Trade in Ancient Rome.（古代ローマにおける毒物、中毒、そして薬）" *Akroterion* 45 (2014).
- https://doi.org/10.7445/45-0-166.
- Davis, Jenni. *Poison, a History: An Account of the Deadly Art & Its Most Infamous Practitioners.* New York: Chartwell Books, 2018.
- Edwards, Steven A. "Paracelsus, the Man Who Brought Chemistry to Medicine.（パラケルスス、化学を医学にもたらした男）" American Association for the Advancement of Science (AAAS), March 1, 2012.
- https://www.aaas.org/paracelsus-man-who-brought-chemistry-medicine.
- Emsley, John. *The Elements of Murder: A History of Poison.* Oxford: Oxford University Press, 2005.
- ・Frith, John. "Arsenic – the 'Poison of Kings' and the 'Saviour of Syphilis.（ヒ素――「王の毒」と「梅毒の救世主」）" *Journal of Military and Veterans' Health.* Accessed December 9, 2022.
- https://jmvh.org/article/arsenic-the-poison-of-kings-and-the-saviour-of-syphilis.
- Hawksley, Lucinda. *Bitten by Witch Fever: Wallpaper & Arsenic in the Victorian Home.* London: Thames & Hudson, 2016.
- Hempel, Sandra. *The Inheritor's Powder: A Tale of Arsenic, Murder, and the New Forensic Science.* New York: W. W. Norton & Company, 2013.
- Herman, Eleanor. *The Royal Art of Poison: Filthy Palaces, Fatal Cosmetics, Deadly Medicine, and Murder Most Foul.* New York: St. Martin's Press, 2018.
- Hubbard, Ben. *Poison: The History of Potions, Powders and Murderous Practitioners.* London: Welbeck Publishing, 2020.
- Hyden, Marc. "Mithridates' Poison Elixir: Fact or Fiction?（ミトリダテスの毒薬――事実かフィクションか）" World History Encyclopedia. https://www.worldhistory.org#organization, June 2, 2016. https://www.worldhistory.org/article/906/mithridates-poison-elixir-fact-or-fiction.
- "Insurance, Philadelphia and ISOP: A Shared History and Vision.（保険、フィラデルフィア、ＩＳＯＰ：共有された歴史とビジョン）" Insurance Society of Philadelphia. Accessed December 9, 2022. https://www.insurancesociety.org/page/History.
- Johnston, Matthew. "Anniversary of the Pharmacy Act: 150

Years of Medicines Safety.（薬事法制定記念——薬の安全性一五〇年）" The Pharmaceutical Journal, August 1, 2018. https://pharmaceutical-journal.com/article/news/anniversary-of-the-pharmacy-act-150-years-of-medicines-safety.
× Kaufman, David B. "Poisons and Poisoning among the Romans.（ローマ人の間の毒物と中毒）" *Classical Philology* 27, no. 2 (1932): 156–67. https://doi.org/10.1086/361458.
× Matthews David, Alison. *Fashion victims : the dangers of dress past and present*（邦訳『死を招くファッション——服飾とテクノロジーの危険な関係』、安部恵子訳）(Matthews David, Alison. Fashion Victims: The Dangers of Dress Past and Present.) London: Bloomsbury, 2015.
× "Medicinal Botany.（薬用植物学）" US Forest Service. United States Department of Agriculture. Accessed December 9, 2022.
× https://www.fs.usda.gov/wildflowers/ethnobotany/medicinal.
× Newman, Cathy. "Toxic Tales Article, Poison Information, Toxicology Facts.（毒物の話の記事、毒物の情報、毒物学の事実）" Science. *National Geographic*, May 3, 2021. https://www.nationalgeographic.com/science/article/poison-toxic-tales.
× Nugent-Head, JulieAnn. "The First Materia Medica: The Shen Nong Ben Cao Jing.（初の薬物学——神農本草経）" *The Journal of Chinese Medicine*, no. 104 (February 2014): 22–26. https://www.thealternativeclinic.org/wp-content/uploads/2020/03/The-First-Materia-Medica-The-Shen-Nong-Ben-Cao-Jing.pdf.
× Parascandola, John. *King of Poisons: A History of Arsenic*. Washington, DC: Potomac Books, 2012.
× "Part II: 1938, Food, Drug, Cosmetic Act.（第二部：・一九三八年の食品、医薬品、化粧品の法）" U.S. Food and Drug Administration. FDA, November 27, 2018. https://www.fda.gov/about-fda/changes-science-law-and-regulatory-authorities/part-ii-1938-food-drug-cosmetic-act#:~:text=FDR%20signed%20the%20Food%2C%20Drug,adequate%20directions%20for%20safe%20use.
× "Poisons – Timeline.（毒物タイムライン）" Science Learning Hub, September 4, 2012. https://www.sciencelearn.org.nz/resources/1904-poisons-timeline.
× Rosner F. Moses Maimonides のモーゼス・マイモニデスの毒物に関する論文、JAMA. 205, no. 13 (1968): 914–16. doi:10.1001/jama.1968.03140390038010.
× Smith, Roger. "Arsenic: A Murderous History.（ヒ素——殺人の歴史）" Dartmouth Toxic Metals. 二〇二二年十二月九日アクセス https://sites.dartmouth.edu/toxmetal/arsenic/arsenic-a-murderous-history.
× Trestrail, John Harris. *Criminal Poisoning Investigational Guide for*

Law Enforcement, Toxicologists, Forensic Scientists, and Attorneys. Totowa, NJ: Humana Press, 2000.

× "Visible Proofs: Forensic Views of the Body: Galleries: Biographies: Mathieu Joseph Bonaventure Orfila (1787–1853 (目に見える証拠——遺体の法医学的見解、ギャラリー、伝記、マシュー・ジョセフ」ボナヴェントゥラ・オルフィラ (1787–1853))." U.S. National Library of Medicine. National Institutes of Health, February 16, 2006. https://www.nlm.nih.gov/exhibition/visibleproofs/galleries/biographies/orfila.html.

× Whorton, James C. *The Arsenic Century: How Victorian Britain Was Poisoned at Home, Work, and Play*. Oxford: Oxford University Press, 2010.

× Zawacki, Alexander J. "How a Library Handles a Rare and Deadly Book of Wallpaper Samples. (図書館が壁紙のサンプルの希少かつ致命的な本をどう扱うか)" Atlas Obscura, January 23, 2018. https://www.atlasobscura.com/articles/shadows-from-the-walls-of-death-book.

有毒な植物

× Brown, Michael. *Death in the Garden: Poisonous Plants and Their Use throughout History*. Havertown, PA: White Owl, 2018.

× "Chemical Emergencies. (化学的緊急事態)" Centers for Disease Control and Prevention. https://www.cdc.gov/chemicalemergencies/index.html.

× Farrell, Michael. *Criminology of Serial Poisoners*. Cham, Switzerland: Springer International Publishing, 2018.

× Forest Service, U.S. Department of Agriculture. https://www.fs.usda.gov.

× Inkwright, Fez. *Botanical Curses and Poisons: The Shadow-Lives of Plants*. London: Liminal 11, 2021.

× Mellan, Eleanor, and Ibert Mellan. *Dictionary of Poisons*. New York: Philosophical Library, 1956.

× Poison Control, National Capital Poison Center. https://www.poison.org.

× Stewart, Amy. *Wicked Plants: The Weed That Killed Lincoln's Mother and Other Botanical Atrocities*. Chapel Hill, NC: Algonquin Books, 2009.

× Tornio, Stacy. *Plants That Can Kill: 101 Toxic Species to Make You Think Twice*. New York: Skyhorse Publishing, 2017.

× Warner, Mallory. "The Power of the Poppy: Exploring Opium through 'The Wizard of Oz.' (ケシの力——「オズの魔法使い」を通してアヘンを探求する)" National Museum of American History, November 9, 2016. https://americanhistory.si.edu/blog/opium-through-wizard-oz.

毒のある生物

"The Biological Effects, Including Lethal Toxic Ingestion, Caused by Cane Toads (Bufo marinus)（オオヒキガエルによる致死性の毒の摂取を含む生物学的影響）." Australian Government, Department of Climate Change, Energy, the Environment and Water, April 12, 2005. https://www.awe.gov.au/environment/biodiversity/threatened/key-threatening processes/biological-effects-cane-toads.

Bonn, Scott A. "'Black Widows' and Other Female Serial Killers.（『ブラックウィドウ』とその他の女性連続殺人犯）" *Psychology Today*, November 23, 2015. https://www.psychologytoday.com/us/blog/wicked-deeds/201511/black-widows-and-other-female-serial-killers.

Borke, Jesse, and David Zieve, eds. "Black Widow Spider.（ブラックウィドウスパイダー）" Mount Sinai Health System, July 20, 2021. https://www.mountsinai.org/health-library/poison/black-widow-spider.

Bücherl, Wolfgang, Eleanor E. Buckley, and Venancio Deulofeu. *Venomous Vertebrates*. Vol. 1 of Venomous Animals and Their Venoms.（「有毒動物とその毒」の「毒のある脊椎動物」の第1巻）New York: Academic Press, 1968.

Buehler, Jake. "What's the Difference between a Poisonous and Venomous Animal?（毒を持つ動物と有毒な動物の違いは何か？）" *National Geographic*, January 7, 2020. https://www.nationalgeographic.com/animals/article/venomous-poisonous-snakes-toxins.

"Cane Toad: *Rhinella marina*.（オオヒキガエル――リネラマリーナ）" Florida Fish and Wildlife Conservation Commission. 二〇二二年三月五日アクセス、https://myfwc.com/wildlife habitats/profiles/amphibians/cane-toad.

Gould Soloway, Rose Ann. "Black Widow Spider Bites Can Be Dangerous.（ブラックウィドウスパイダーに噛まれる危険）" Black　Widow Spiders. Poison Control, National Capital Poison Center. 二〇二二年二月十一日アクセス、https://www.poison.org/articles/black-widow-spiders.

Helmenstine, Anne Marie. "'Indian Red Scorpion Facts.（インドのレッドスコーピオンの事実）" ThoughtCo, August 8, 2019. https://www.thoughtco.com/indian-red-scorpion-4766814.

"King Cobra.（キングコブラ）" Smithsonian's National Zoo and Conservation Biology Institute, August 20, 2018.

https://nationalzoo.si.edu/animals/king-cobra.

Mekonnen, Serkalem. "Blister Beetles: Do Not Touch!（ツチハンミョウ――触らないで！）" Poison Control, National Capital Poison

Center. 四月二九日アクセス、https://www.poison.org/articles/blister-beetles-do-not-touch-194.

Mellan, Eleanor, and Ibert Mellan. *Dictionary of Poisons*. New York: Philosophical Library, 1956.

Moed, Lisa, Tor A. Shwayder, and Mary Wu Chang. "Cantharidin Revisited: A Blistering Defense of an Ancient Medicine.（カンタリジン再考：古代医学の強力な防御）" *Archives of Dermatology* 137, no.10 (2001): 1357–60. https://doi.org/10.1001/archderm.137.10.1357.

Witkop, Bernhard. "Poisonous Animals and Their Venoms.（有毒な動物とその毒）" *Journal of the Washington Academy of Sciences* 55, no. 3 (1965): 53–60. http://www.jstor.org/stable/24535517.

有毒元素と化学物質

Emsley, John. *The Elements of Murder: A History of Poison*. Oxford: Oxford University Press, 2005.

"Facts about Cyanide.（青酸カリに関する事実）" Centers for Disease Control and Prevention, April 4, 2018. https://emergency.cdc.gov/agent/cyanide/basics/facts.asp.

"The Facts about Cyanides.（青酸カリに関する事実）" Department of Health, New York State. 二〇二二年二月四日アクセス、https://www.health.ny.gov/environmental/emergency/chemical_terrorism/cyanide_general.htm.

Farrell, Michael. *Criminology of Serial Poisoners*. Cham, Switzerland: Springer International Publishing, 2018.

Hawksley, Lucinda. *Bitten by Witch Fever: Wallpaper & Arsenic in the Victorian Home*. London: Thames & Hudson, 2016.

"Health Effects of Exposures to Mercury.（水銀への暴露による健康への影響）" Environmental Protection Agency. 二〇二二年一月十日アクセス、https://www.epa.gov/mercury/health-effects-exposures-mercury.

Herman, Eleanor. *The Royal Art of Poison: Filthy Palaces, Fatal Cosmetics, Deadly Medicine, and Murder Most Foul*. New York: St. Martin's Press, 2018.

Hubbard, Ben. *Poison: The History of Potions, Powders and Murderous Practitioners*. London: Welbeck Publishing, 2020.

"Learn about Lead.（鉛を学ぶ）" Environmental Protection Agency. 二〇二二年一月九日アクセス、https://www.epa.gov/lead/learn-about-lead.

Matthews David, Alison. *Fashion victims : the dangers of dress past and present*（邦訳『死を招くファッション——服飾とテクノロジーの危険な関係』、安部恵子訳）、London: Bloomsbury、2015.

× The National Institute for Occupational Safety and Health (NIOSH). "Thallium: Systemic Agent.（タリウム——全身作用因子）" Centers for Disease Control and Prevention, May 12, 2011. https://www.cdc.gov/niosh/ershdb/emergencyresponsecard_29750026.html.

× National Research Council, Committee on Medical and Biological Effects of Environmental Pollutants. *Arsenic: Medical and Biologic Effects of Environmental Pollutants*. Washington, DC: The National Academies Press, 1977. https://doi.org/10.17226/9003.

× "The Poisoner in the House.（家の中の毒殺者）" Leader (London, England), December 15, 1855.

× Trestrail, John Harris. *Criminal Poisoning Investigational Guide for Law Enforcement, Toxicologists, Forensic Scientists, and Attorneys*. Totowa, NJ: Humana Press, 2000.

× Whorton, James C. *The Arsenic Century: How Victorian Britain Was Poisoned at Home, Work, and Play*. Oxford: Oxford University Press, 2010.

第1章——プロの毒使いたち

イントロダクション

× Kaufman, David B. "Poisons and Poisoning among the Romans.（ローマ人の毒物と中毒）" *Classical Philology* 27, no. 2 (1932): 156–67. https://doi.org/10.1086/361458.

× Reis, Elizabeth. *Damned Women: Sinners and Witches in Puritan New England*. Ithaca, NY: Cornell University Press, 1997. http://www.jstor.org/stable/10.7591/j.ctt1rv61zm.

ロクスタ

× Cilliers, L., and F. P. Retief. "Poisons, Poisoning and the Drug Trade in Ancient Rome.（古代ローマにおける毒物、中毒、そして薬）" *Akroterion* 45 (2014). https://doi.org/10.7445/45-0-166.

× Juvenal. "VI." In *The Satires of Juvenal*, translated by Charles Badham.（チャールズ・バダム訳、『ジュウェナリの風刺』の中の「第VI部」）London: A. J. Valpy, 1814. https://lccn.loc.gov/41030935.

× Kaufman, David B. "Poisons and Poisoning among the Romans.

（ローマ人の間の毒物と中毒）" *Classical Philology* 27, no. 2 (1932): 156–67. https://doi.org/10.1086/361458.
- Ramsland, Katherine M. "The Darkest Ages.（最も暗き時代）", *The Human Predator: A Historical Chronicle of Serial Murder and Forensic Investigation*, 4–6. New York: Berkley Books, 2007.
- Tacitus, Cornelius. *The Annals of Tacitus*, Books XII and XIII. London: Methuen & Co., 1939.

カトリーヌ・モンヴォワザン

- Duramy, Benedetta Faedi. "Women and Poisons in 17th Century France.（一七世紀フランスの女性と毒薬）" *Chicago-Kent Law Review* 87, no. 2 (2012年4月).
- Herman, Eleanor. *The Royal Art of Poison: Filthy Palaces, Fatal Cosmetics, Deadly Medicine, and Murder Most Foul*. New York: St. Martin's Press, 2018.
- Somerset, Anne. *The Affair of the Poisons: Murder, Infanticide, and Satanism at the Court of Louis XIV*. New York: St. Martin's Press, 2004.

ジュリア・トファーナ

- Dash, Mike. "Aqua Tofana.（アクア・トファーナ）", *Toxicology in the Middle Ages and Renaissance*, Philip Wexler編, 63–69ページ, London: Academic Press, 2017.
- Dash, Mike. "Aqua Tofana: Slow-Poisoning and Husband-Killing in 17th Century Italy.（アクア・トファーナ――一七世紀イタリアの緩慢な中毒と夫殺し）" A Blast from the Past, April 6, 2015. https://mikedashhistory.com/2015/04/06/aqua-tofana-slow-poisoning-and-husband-killing-in-17th-century-italy.
- Elhassan, Khalid. "History's Most Prolific and Deadly Female Poisoner Helped Women Get Rid of Their Husbands.（史上最も多産で致命的な女性毒殺者が夫との別離に協力）" History Collection, April 18, 2019. https://historycollection.com/historys-most-prolific-and-deadly-female-poisoner-helped-women-get-rid-of-their-husbands.
- Herman, Eleanor. *The Royal Art of Poison: Filthy Palaces, Fatal Cosmetics, Deadly Medicine, and Murder Most Foul*. New York: St. Martin's Press, 2018.
- Hubbard, Ben. *Poison: The History of Potions, Powders and Murderous Practitioners*. London: Welbeck Publishing, 2020.

アナ・ドラクシン

- "Accuse 92-Year-Old Herb Doctor of Prescribing Potions for Wives Who Sought to Get Rid of Their Aged Husbands.（年老い

た夫を追い出すべく薬を求めた妻に薬を処方した九二歳の薬草医を告発）" *Brooklyn (NY) Daily Eagle*, June 30, 1929.
- "Aged Love Poisoner May Have Killed 60. Claims 'Love Potions' Were Given as Tonics.（高齢の恋愛中毒者が六〇人を殺害した可能性。「惚れ薬」は強壮剤として投与されたと主張）" *Angola, (NY) Record*, August 8, 1929
- "Aged Woman in Jugoslav Poison Plot. Score of Wealthy Husbands Cleverly Disposed of by Relatives. 'Witch' Supplies Peasant Women with 'Magic Water' for a Price.（ユーゴスラビアで毒物の陰謀をたてた高齢女性。親戚により賢明にも捨てられる裕福な夫の割合。『魔女』は農民の女性たちに対価を払って『魔法の水』を供給）" *Honolulu Star-Bulletin*, August 2, 1928.

ヴィシャカーニャ

- Jamshedji Modi, Jivanji. "The Vish-Kanyâ or Poison-Damsels of Ancient India, Illustrated by the Story of Susan Râmashgar in the Persian Bur. Zo-Nâmeh.（古代インドのヴィシャカーニャという毒乙女、ペルシャのBur. Zo-Nâmehにあるスーザン・ラマシュガルの話による説明）" *Folklore* 38, no. 4 (1927): 324–37. https://doi.org/10.1080/0015587x.1927.9716754.
- Penzer, Norman Mosley. *Poison-Damsels and Other Essays in Folklore and Anthropology*. London: Privately Printed for Chas. J. Sawyer, 1952. https://archive.org/details/McGillLibrary-rbsc_poison-damsels_OCTAVO-6550-17777/page/n5/mode/2up.
- Wujastyk, Dominik. *The Roots of Ayurveda: Selections from Sanskrit Medical Writings*. London: Penguin, 2003.

第2章——逃避と反抗

イントロダクション

- Jensen, Vickie, ed. *Women Criminals: An Encyclopedia of People and Issues*.（女性犯罪者——人と事件の百科事典）Santa Barbara, CA: ABC-CLIO, 2012.
- Thistlethwaite, Susan Brooks. *Women's Bodies as Battlefield: Christian Theology and the Global War on Women*.（戦場としての女性の身体——キリスト教神学と女性に対する世界的な戦争）New York: Palgrave Macmillan, 2015.

ナジレヴのエンジェル・メーカー

- Bodó, Béla. Tiszazug: *A Social History of a Murder Epidemic*. Boulder, CO: East European Monographs, 2002.
- Bussink, Astrid, director. *The Angelmakers*. SZFE Budapest,

Edinburgh College of Art, 2005.
× Telfer, Tori. *Lady Killers: Deadly Women throughout History*. New York: Harper Perennial, 2017.

サリー・バセット

× Crowther, Kathleen. "Poison and Protest: Sarah Bassett and Enslaved Women Poisoners in the Early Modern Caribbean.（毒と抗議——近世カリブ海におけるサラ・バセットと奴隷にされた女性毒殺犯）" Nursing Clio, March 1, 2018. https://nursingclio.org/2018/03/01/poison-and-protest-sarah-bassett-and-enslaved-women-poisoners-in-the-early-modern-caribbean.
× Maxwell, Clarence V. H. "'The Horrid Villainy': Sarah Bassett and the Poisoning Conspiracies in Bermuda, 1727–30（恐ろしい悪意——サラ・バセットとバミューダにおける毒殺陰謀、一七二七−三〇年）." *Slavery & Abolition* 21, no. 3 (2000): 48–74. https://doi.org/10.1080/01440390008575320.
× Swan, Quito. "Smoldering Memories and Burning Questions: The Politics of Remembering Sally Bassett and Slavery in Bermuda.（くすぶる記憶と燃えるような疑問——サリー・バセットとバミューダの奴隷制を偲んで）"' *Politics of Memory: Making Slavery Visible in the Public Space*' Ana Lucia Araujo編、71−91ページ、New York: Routledge, 2012.

クレオパトラ

× Draycott, Jane. "Cleopatra's Daughter.（クレオパトラの娘）" *History Today*, May 22, 2018. https://www.historytoday.com/miscellanies/cleopatras-daughter.
× Hubbard, Ben. *Poison: The History of Potions, Powders, and Murderous Practitioners*（邦訳『［図説］毒と毒殺の歴史』、上原ゆうこ訳）、London: Welbeck Publishing, 2020.
× Lorenzi, Rossella. "Cleopatra Killed by Drug Cocktail?（クレオパトラは薬物カクテルで殺されたのか?）" NBCNews.com, July 1, 2010. https://www.nbcnews.com/id/wbna38036040.
× Retief, F. P., and L. Cilliers. "The Death of Cleopatra.（クレオパトラの死）" *Acta Theologica* 26, no. 2 (2006). https://doi.org/10.4314/actat.v26i2.52563.
× Schiff, Stacy. *Cleopatra: A Life*（邦訳『クレオパトラ』、仁木めぐみ訳、早川書房）、New York : Little, Brown and Company, 2010）

マリー・ラファルジュ

× Bertomeu-Sánchez, José Ramó n. "Managing Uncertainty in the Academy and the Courtroom: Normal Arsenic and Nineteenth-Century Toxicology.（学術界と法廷における不確実性の取り

扱い――通常のヒ素と一九世紀の毒物学）" *Isis* 104, no. 2 (2013): 197–225. https://doi.org/10.1086/670945.

Downing, Lisa. "Murder in the Feminine: Marie Lafarge and the Sexualization of the Nineteenth-Century Criminal Woman.（女性の殺人――一九世紀の犯罪者女性のマリー・ラファルジュと性差別）" *Journal of the History of Sexuality* 18, no. 1 (2009): 121–37. http://www.jstor.org/stable/20542721.

Hempel, Sandra. *The Inheritor's Powder: A Tale of Arsenic of Nagyrév, Murder, and the New Forensic Science*. New York: W. W. Norton & Company, 2013.

Levine, Philippa. "'So Few Prizes and So Many Blanks': Marriage and Feminism in Later Nineteenth-Century England.（褒美は少なく、空白は多い――一九世紀後半のイギリスにおける結婚とフェミニズム）" *Journal of British Studies* 28, no. 2 (1989): 150–74. http://www.jstor.org/stable/175593.

第3章――金と欲

イントロダクション

Bonn, Scott A. "'Black Widows' and Other Female Serial Killers.（ブラックウィドウとその他の女性連続殺人犯）" *Psychology Today*, November 23, 2015. https://www.psychologytoday.com/us/blog/wicked-deeds/201511/black-widows-and-other-female-serial-killers.

メアリー・アン・コットン

Connolly, Martin. *Mary Ann Cotton, Dark Angel: Britain's First Female Serial Killer*. Barnsley, England: Pen & Sword History, 2016.

Davis, Jenni. *Poison, a History: An Account of the Deadly Art & Its Most Infamous Practitioners*. New York: Chartwell Books, 2018.

"The Great Poisoning Case; Execution of Mary Ann Cotton.（大毒殺事件――メアリー・アン・コットンの処刑）" *Courier and Argus* (Dundee, Tayside, Scotland), March 25, 1873.

Hubbard, Ben. *The History of Potions, Powders, and Murderous Practitioners*（邦訳『［図説］毒と毒殺の歴史』、上原ゆうこ訳）、London: Welbeck Publishing, 2020.

Telfer, Tori. *Lady Killers: Deadly Women throughout History*. New York: Harper Perennial, 2017.

ベル・ガネス

Cipriani, Frank. "Madam Bluebeard! The Crimes of Belle

Gunness of Indiana's Murder Farm.（青ひげ夫人！　インディアナ州のベル・ガネスの犯罪　殺人農場）" *Chicago Tribune*, April 12, 1936.

× De la Torre, Lillian. *The Truth about Belle Gunness: The True Story of Notorious Serial Killer Hell's Belle*. New York: MysteriousPress.com/Open Road, 2017.

× Schechter, Harold. *Hell's Princess: The Mystery of Belle Gunness, Butcher of Men*. New York: Little A, 2018.

や

ゆ

よ

ら

り

る

れ

ろ

わ

ま

み

む

め

も

ひ

ふ

へ

ほ

て

と

な

ね

の

は

索引

［著者］

リサ・ペリン◉*Lisa Perrin*

イラストレーター、デザイナー。ニューヨーク州立大学ニューパルツ校でドローイングと絵画のBFA（美術学士号）と英語のBA（学士号）を取得。全米最古のビジュアルアート専門大学メリーランド・インスティチュート・カレッジ・オブ・アートのイラストレーション学部の専任教授。メリーランド州ボルチモア在住。

［訳者］

渡邉ユカリ◉*Yukari Watanabe*

翻訳家。愛知県立大学外国語学部卒業。金城学院大学非常勤講師。主な訳書に、ジョエル・レビー著『A CURIOUS HISTORY 数学大百科』『あなたも心理学者！これだけキーワード50』、ヘンリー・ブライトン著『人工知能グラフィックガイド』（浅野ユカリ名義）、ベン・リンチ著『ダーティー ジーン／Dirty Genes』などがある。